与信息时代同行，与创新精神共进

——北京信息科技大学信息与通信工程学院 2019 年大学生创新实践与教学改革论文集

主　编　李学华　杨　玮

北京邮电大学出版社
www.buptpress.com

内容简介

本书收录了北京信息科技大学信息与通信工程学院自 2019 年以来开展大学生科技创新活动、与企业共同实施"实培计划"项目以及教师进行教学改革和实践方面的最新成果。体现了为培养德智体美劳全面发展，具有家国情怀、创新精神、国际视野，担当民族复兴大任的信息通信专业高素质应用型人才，以项目驱动，以创新激励，与产业协同育人，与时俱进的理念与举措。本书可供学校各教学单位参考以及其他同类院校交流使用。

图书在版编目（CIP）数据

与信息时代同行，与创新精神共进：北京信息科技大学信息与通信工程学院 2019 年大学生创新实践与教学改革论文集 / 李学华，杨玮主编 . -- 北京：北京邮电大学出版社，2020.8
ISBN 978-7-5635-6136-0

Ⅰ.①与… Ⅱ.①李… ②杨… Ⅲ.①高等学校－教学改革－文集 Ⅳ.①G642.0-53

中国版本图书馆 CIP 数据核字（2020）第 134744 号

策划编辑：刘纳新　姚顺	责任编辑：满志文	封面设计：七星博纳

出版发行：北京邮电大学出版社
社　　址：北京市海淀区西土城路 10 号
邮政编码：100876
发 行 部：电话：010-62282185　传真：010-62283578
E-mail：publish@bupt.edu.cn
经　　销：各地新华书店
印　　刷：北京玺诚印务有限公司
开　　本：787 mm×1 092 mm　1/16
印　　张：13.25
字　　数：327 千字
版　　次：2020 年 8 月第 1 版
印　　次：2020 年 8 月第 1 次印刷

ISBN 978-7-5635-6136-0　　　　　　　　　　　　　　　定　价：58.00 元
· 如有印装质量问题，请与北京邮电大学出版社发行部联系 ·

编委会

主　编　李学华　杨　玮

编　委　（按姓氏笔画排序）

　　　　王占刚　厉夫兵　朱希安

　　　　张月霞　曹　林　焦瑞莉

前　言

北京信息科技大学由原机械部所属北京机械工业学院和原电子部所属北京信息工程学院合并组建，是北京市重点支持建设的信息学科较为齐全的高校。当前，学校顺应信息时代发展趋势，致力于建设信息特色鲜明的高水平大学，为建设信息强国贡献力量。现有全日制本科生10 909人，研究生1 587人，留学生164人。拥有北京市高精尖学科2个，省部级重点实验室26个，在新一代信息技术、智能制造、国防军工等领域取得突出成绩，在高端软件、传感技术、高端装备制造等领域一批成果实现产业化。拥有国家级实验教学示范中心2个、国家级大学生校外实践教育基地1个、国家级工程实践教育中心建设单位1个，北京市实验教学示范中心5个、北京市校外人才培养基地5个。获得国家级教育教学成果二等奖1项，入选首批北京市深化创新创业教育改革示范高校。

信息与通信工程学院是北京信息科技大学突出信息特色的学院，设有通信工程、电子信息工程和物联网工程三个本科专业（系）。其中，通信工程专业，突出"智能融合通信"的特色，入选教育部"卓越工程师教育培养计划"，并于2017年通过国际工程教育专业认证，2019年入选北京高校重点建设一流专业；电子信息工程专业，突出"智慧网络与信息处理"特色，是国家和北京市特色专业，工程教育认证自评报告已经获得通过，专业教学团队是北京市优秀教学团队；物联网工程专业，突出"智慧网联"的特色，是新一代信息技术新兴专业。学院以国际工程教育专业认证为引领，立足北京，辐射全国，以北京十大高精尖产业为牵引，助力北京全国科技创新中心建设，重点培养适应新一代信息技术、人工智能、高速宽带通信产业发展以及智慧城市建设需求的，具有扎实的专业基础、良好的学习沟通能力和宽广国际视野的高素质专门人才，努力打造"就业有优势、深造有基础、发展有信念"的高质量成才模式。

学院是全国地方高校中首个推行新生工程认知教育改革的单位，新生导论课入选教育部"双创示范校"的"专创融合特色示范课"，"系好大学第一粒扣子"的新生创客大赛等系列改革举措被中国教育报、中国教育电视台多次报道。从创客大赛中走出来的徐云岫同学，在抗击新冠肺炎疫情期间制作发布的科学小视频《为什么现在不能开学？》，利用数码动画和软件模型形象展示了校园疫情的模拟传播效果，在全网获得超过一亿次的播放量，并被人民日报、新闻联播、人民教育等多家媒体和多所大学官方账号争相转载，这是学生专业优势、创新能力和社会责任感的综合体现。

学院长期与行业企业密切合作，协同育人。拥有中兴通讯国家级工程教育实践基地1个，市级校外人才培养基地2个；设有通信技术、电子信息技术和物联网工程等教学实验室，教学科研仪器设备总值5 000余万元。学院开发的《5G物联网通信》在线虚拟仿真实验，以电子竞技的形式让学生组成战队开展实验，寓教于乐、与时俱进、特色鲜明，被中国网、现代教育报、学习强国等多个平台关注报道，大学生杂志还对学生进行了专访。

学生在国家和省部级各类学科竞赛中屡创佳绩，近三年获省部级以上奖项140余项，每年有近200名学生获得华为、中兴、工信部、中国移动颁发的职业工程师认证证书。学院累计九年获得"华北五省及港澳台大学生计算机应用大赛"优秀组织奖。获得国家级教学成果奖和北京市教学成果奖等多项奖励。

为了系统总结学生实践创新和工程应用方面的成果，促进成果应用推广，学院自2016年起，定期将相关成果汇编成册，至今已出版了2016年、2017年和2018年大学生创新实践与教学改革论文集，反响良好。

本论文集收录了2019年以来的以学生为主要作者的论文以及部分教师教学改革实践类论文，分为"教学实践类""科技创新类"和"实培计划类"，体现了我院学生在创新创业、工程实践方面的成果和教师开展教学改革探索的最新进展。本书可作为同类院校大学生创新创业能力培养的借鉴与参考。

本书的出版受到了北京市财政专项"促进高校内涵发展—大学生科研训练项目、教学改革项目、实培计划—大学生科研训练计划深化项目、实培计划—毕业设计（科研类）"的资助。

由于时间和水平有限，书中难免出现错误和纰漏，恳请广大读者批评指正。

编 者
2020年3月

目 录

教学实践类

本科生-研究生工程电磁场类课程的协同规划初探 ………………………………… 3
课程思政在创客教育中的实践与探索 ……………………………………………… 10

科技创新类

基于 Arduino 和 Intel 主机的对静态低速物体捕捉机器人的设计与实现 ………… 19
B-SEAL 三栖球形机器人 …………………………………………………………… 32
基于 Arduino 的智慧图书馆设计与实现 …………………………………………… 41
对智能仓库中货物分拣和出入库的模型优化 ……………………………………… 47
基于微信小程序的厕所信息管理系统设计 ………………………………………… 56

实培计划－毕设(科研)项目

基于 NB-IoT 的导航通信一体化信号体制设计 …………………………………… 63
导航通信一体化信号体制研究 ……………………………………………………… 75
基于 5G 通信的定位技术研究 ……………………………………………………… 87
基于天基物联网的低轨星座设计 …………………………………………………… 98
基于集成学习的交通模式识别算法研究与实现 …………………………………… 108
基于 CNN 的交通模式识别仿真及 Android 平台实现 …………………………… 118
基于 Adaboost 的交通模式识别 Android 平台 App 软件设计及实现 …………… 127

实培计划－大创深化项目

基于大数据的高校学生分析系统设计与实现 ……………………………………… 135
基于 OpenCog 的移动机器人路径规划研究与设计 ……………………………… 144
基于大数据的用户行为分析系统的设计与实现 …………………………………… 151

静态 L3VPN 在 PTN 中的设计与实现 ·· 156
PTN 中共享环保护的优势与部属 ·· 163
PTN 中电信级业务的质量保证与应用 ·· 171
基于 Arduino 的两轮平衡小车防摔倒设计 ·· 177
基于两轮平衡机器人通过通信网络系统进行控制的研究与开发 ·························· 183
基于两轮平衡机器人的人工智能和自主学习功能的研究与实现 ·························· 188
基于两轮平衡机器人的视觉识别系统的设计与实现 ···································· 194

教学实践类

本科生-研究生工程电磁场类课程的协同规划初探[①]

缪旻　李振松

(北京信息科技大学信息与通信工程学院,北京,100101)

摘　要:"电磁场与电磁波"等工程电磁场课程在通信工程专业本科课程体系及信息与通信工程学科研究生课程体系中占有重要地位,其建设长期以来受到高度重视,但教学效果的提升始终存在一定的瓶颈。作者面向本科、研究生长期讲授该类课程,观察到在不同培养阶段开设的同类课程在课程规划与建设方面普遍存在的内容过度重复、课程定位模糊、衔接困难等问题。本文结合作者亲身实践及国内外人才培养模式的变革动向,对上述这些问题进行了梳理,提出对本科、研究生阶段该类课程应进行协同规划的观点,并探讨了协同规划的要点和可行的对策。

关键词:课程建设;课程协同规划;教学法改革;人才培养模式改革。

Exploration of the co-planning of engineering electromagnetics for both undergraduates and postgraduates

Miao Min　Li Zhensong

Abstract: Engineering oriented Electromagnetics courses such as "Electromagnetic Field and Waves" are among the major requisite courses in both the undergraduate and post graduate education systems. Although these courses have long been highly valued and paid attention to, bottlenecks exist in the pursuit of teaching effects enhancement. The authors have lecturing such course for both undergraduate and postgraduate for over 10 years, and issues like excessive repetition in contents, obscure course orientation and difficulties in convergence, have been found out in the personal teaching practice. In this paper, combining the personal experience with the investigation of talent training mode reform trends, the issues as mentioned are systematically analyzed, the co-planning of engineering electromagnetics courses for both undergraduates and postgraduates are proposed as a possible solution, together with the key points of the co-planning and feasible options in implementation.

Key words: course construction; co-planning for courses; teaching methodology reform; talent training mode reform.

一、引言

面向工程实际的电磁场理论在电子通信类专业的知识体系中居于核心地位,其应用研

[①] 项目来源类别:北京信息科技大学本科教改项目、研究生教改项目资助。

究对这些专业领域发展的核心支撑作用仍在不断加强,受到人们的高度重视。作为这些本科阶段乃至研究生阶段的核心主干课,"电磁场与电磁波"课程的教学质量关乎应用型创新型人才培养目标能否实现。由于电子通信类专业领域发展对高水平人才的需求和学生的职业规划意识日益增强,如何建立本科-研究生一体的培养体系就有着重要意义。特别是对于其中两个培养阶段都必须开设的主干课来说,如何科学合理规划其课程、实现协同建设,对提升培养效率和效益有着重要意义。从作者在两个阶段开设相关课程的长期实践来看,这一问题还没有得到充分的认识和重视,这已经成为本科生-研究生一体化培养进程中的一个重要瓶颈问题,对学生学习质量和效率的提升有着负面影响。本文论证了将两个阶段工程电磁场类课程进行协同规划的重要意义,介绍其相关实践对课程建设和教学质量提升的积极效果,分析对教学管理和教师本身的挑战和对策。这一教学实践对我校本科生、研究生教育教学和教学管理的改革具有重大意义,对其他高校的相应课程改革可能也有一定的参考价值。

二、国内外工程电磁场类课程建设与教学改革趋势与通信工程专业人才培养模式改革简析

1. 课程建设与教学改革发展趋势

无论是本科生还是研究生的培养中,电磁场类课程是各重点高校电子、通信类专业与学科明确的重点建设课程,投入优质师资并给以经费的保障,往往也是精品课程的选拔对象。近几年来,各高校电子通信类专业为跟上技术前沿的飞速发展,同时确保宽口径培养的要求,对电磁场类课程的学时进行了压缩,其授课学时压缩比最高可达50%。为应对这一发展趋势,各高校对传统教学的内容讲解以及教材的选用进行相应的调整,完善了相关的实验和课外培训手段。通过对国内各知名高校的走访调研和近10年发表的相关文献分析可以梳理出如下重要的课程建设与教学改革动向。

(1) 从人才培养的整体性出发,将本科课程体系内的电磁类课程的内容进行协同优化,并精心选择或编写面向工程实际需要、内容条理清晰优化、贴近工程发展前沿的现代化教材[1]。

(2) 注重课堂调度营造鼓励创新和想象的课堂气氛,例如以研究型学习方式的建立为抓手,调动学生的好奇心和求知欲,让其精神集中,从而激发主动求知的动力,积极思维,敢于标新立异,提升教学效果[2]。

(3) 引入多媒体手段,将抽象的电磁场理论和难以为人的感官直接感受的电磁波可视化,方便学生的理解[3]。

(4) 加强理论教学与实践教学的联系,面向实践实验优化理论教学,为前者打好坚实的理论基础[4]。

(5) 加强题库和网络课程资源建设,改进教学评价手段的有效性和合理性[5]。

(6) 通过讲授源于工程实践的教学案例,生动体现电磁场理论的精髓要义,同时激发学生的学习欲望与热情[6]。

2. 人才培养模式改革动向

根据工程认证的OBE理念,一门课程的规划与完善离不开对培养对象及其培养定位的

分析,并需结合具体的培养方案来制定。通过对电子通信领域各知名高校(包括美国和我国台湾地区)的走访调研和近10年发布的相关代表性文献[7-11]分析,并结合我校实际,梳理出如下重要的培养模式改革动向。

(1)在卓越工程师和新工科教育培养理念指导下,实现本科-研究生贯通培养,例如清华大学、北京邮电大学的一站式培养计划,这些培养计划实施都在10年以上,培养出大量高质量的人才。

(2)人才培养分阶段、分梯次、跨学科,多维度开展,实现了紧密的校企结合,做到知识学习与能力培养不断线,例如北京邮电大学、北京航空航天大学等高校进入21世纪以来依托大类招生等新培养体系建设的贯通式培养计划,这些计划的实施效果带来的人才培养质量的提升有目共睹。

(3)为提升培养效率,在提高综合素质培养、全方位充实教学内容的同时,精简优化课程教学内容,考虑到电子信息与通信类专业的发展日新月异,这一调整应该是动态的。

将上述动向分析与我校信息与通信工程学院的电子信息工程、通信工程、物联网工程等三个电子通信类专业及相应的学科研究生培养体系与定位相结合,可以看出：一方面,学生的学习内容及培养要求需保持与国际技术发展前沿的衔接,教学内容快速更新,而且学生通常必须具备硕士及更高的学历才具有就业竞争力;另一方面,基础课在学时压缩的同时还需要有力支撑对本科生和研究生培养目标的达成。这提示我们,必须把工程电磁场这一基础课放在培养模式改革的大背景下,以本科-研究生培养贯通的理念来优化其课程建设,而本科阶段和研究生阶段都需开设的工程电磁场类课程的协同规划就有其重要意义。

三、关于本科、研究生阶段工程电磁场类课程协同规划必要性的思考

将本科、研究生阶段工程电磁场课程协同规划的必要性可以从如下方面进行论证。

(1)本科、研究生阶段培养体系的融合、衔接与协同日益成为电子通信类专业人才培养的必经之路。从行业发展对人才培养的需求角度看,随着技术前沿的飞速发展,本科毕业生的能力与综合素质很难满足电子通信行业的高要求,就业面日益狭窄,有高不成、低不就的现象,目前越来越多有志于该领域的学生都主动选择在获得硕士学位后再就业,因此将本科和研究生阶段的人才培养协同起来,实现两个体系的融合、衔接,就成为满足行业需求及学生个人发展的重要途径,而作为一门在本科和研究生阶段培养体系中均占有重要地位的主干课,工程电磁场类课程的协同规划与建设也成为必然选择。

(2)本科、研究生阶段工程电磁场类课程的培养定位不同,而在目前压缩课内学时并建立宽口径、厚基础、重实践、复合型的培养体系这一变革趋势下,必须优化课程的定位和内容的精准衔接,不仅仅做到大学物理电磁学和工程电磁场课程的衔接,还要把研究生阶段的高等工程电磁场类课程也纳入整个从本科到研究生的专业培养体系中,避免重复教学导致时间的浪费,提高培养效率并帮助学生建立坚实的"场与"路的知识体系,为未来更高阶段的培养和就业中的职业培训与终身学习奠定牢固的地基。

(3)本科、研究生阶段学生的学习行为和心理个性等存在显著差异,因此从因材施教等角度考虑,需要优化两个阶段的教学内容及方式,实现培养效益的最大化。例如,本科阶段学生多为被动式学习,而且辩证思维能力有待提升,此时的教学内容应该偏基础、偏经典物

理,以课堂讲授为主,并着力提升其辩证思维;在研究生阶段,学生对自己的未来有更清晰的规划,有可能结合科研第一线需求采取研究式学习方法,此时的教学可以以"讲授+案例教学"的方式来进行,着力提升其辩证思维和解决未知问题的动力与能力。

四、本科-研究生阶段工程电磁场类课程协同规划的初步探索

1. 课程的再定位

根据作者的课堂教学与指导研究生的亲身实践经验,结合国内外相关发展动向的调研,认为两个阶段的定位可归纳为"在本科阶段打基础、研究生阶段上台阶"。具体来说如下所述。

(1)本科阶段的工程电磁场课程侧重建立经典电磁学的基本概念,在知识的掌握上强调对场论、实验定律、基于麦克斯韦方程组的电磁场建模与求解、平面波的传播,简单导波系统和辐射问题等内容的理解,在计算能力方面掌握以矢量微积分为核心的解析建模与分析方法体系,以此建立对有工程背景的问题的理解和分析能力。

(2)研究生阶段的工程电磁场课程在我校命名为"高等工程电磁场",侧重电动力学,注重从场的产生、接收、传播以及场与实体物质的互作用、电磁场与力学场量间的耦合与变换、爱因斯坦的时空观念与质能关系,强调运用相关的场论工具去解决来源于工程实践的问题、甚至研究课题。

2. 课程内容及培养要求、教学方式的协同调整与优化

根据上述的定位,从OBE培养理念出发,相应制定了更详细的培养内容与要求,并规划制定了相应的教学方式。在调整优化方面的总的思路如下。

(1)本科阶段以讲授为主,注意以多媒体可视化手段加深学生的理解,在教学后期逐步增加一些抽象思维能力方面的培养;注意基本计算能力的培养,特别是对建立在矢量微积分与场论基础上的麦克斯韦方程组的变换、边值问题的求解;注重以抽象自工程实践的问题的训练,相应加强案例教学的导入,目前在于增强学生的学习兴趣,让学生不仅接触科技前沿,而且注意拓展思路,敢于创新;在思维锻炼方面,注重辩证性思维的养成。通过上述的举措,为研究生阶段的培养奠定坚实的知识和能力基础。

(2)研究生阶段则针对学生对职业发展和科技前沿有浓厚兴趣并已经基本明确研究方向、辩证思维已经基本建立的特点,注重把电磁学上升到电动力学的角度,让学生掌握场、波的规范表示、场/波与物质的互作用、新时空观(相对论)、新的能量/动量观念(视情况还可以补充量子电动力学的基本概念等),在此基础上深刻理解电磁波辐射/接收、传播以及电磁域与其他物理域的耦合与变换规律,形成可以求解电子信息处理与传送相关的种种工程问题的基本思路和知识框架,掌握科技发展前沿对电磁理论的需求牵引,为论文研究打下坚实的基础。在教学方式和课程组织上以"讲授+案例分析"、交叉推进、研究型学习为主的方式展开。

(3)在两个阶段课程的区别及差异化方面,在本科阶段注重以矢量微积分和场论、麦克斯韦方程组为核心的经典电磁学为主,不过分强调数学的严谨性而是注重数学公式背后的物理含义,以传统的时空观为主,避免学生面对复杂的时空变换时产生畏难情绪,影响学习效果;相比之下,在研究生阶段增加对经典电磁学知识体系的回顾与梳理,但不简单重复,而

是注意其规范性,从而建立更规范的基于矩阵、张量的数学表达体系,在此基础上建立完备的电磁场能量、动量表达体系以及广义相对论时空观和质能关系,建立电磁场/波与实体物质间的作用关系,掌握基于几何光学和场的传播规律及其相互间的联系,最终为研究生阶段的实际电磁相关课题研究打下坚实的基础。

(4)在课程内容的衔接方面,在本科阶段以案例分析等教学环境引入对工程问题及其电磁学分析工具的介绍,但注意控制其难度和对学生时间的占用;在研究生阶段注意用一次课系统梳理麦克斯韦方程组为核心的传统电磁学知识体系,建立其规范形式,引导学生思考其局限性及更规范的电动力学知识体系的必要性和可行性,注重引导学生以辩证的、整体的观念来看待新的知识和开展建模分析,顺利完成学生知识体系的升华。

具体的课程内容及教学方式的调整情况如表1所示。

表1 本科-研究生阶段工程电磁场课程协同规划中内容、要求及其教学方式的调整与优化

时段	本科		研究生	
	教学内容模块	教学要求	教学内容模块	教学要求
调整前	矢量微积分与场论	理解基本概念、运用基本数学工具求解计算题	稳恒电磁场及其实验定律、能量	理解基本概念、运用基本数学工具求解计算题
	实验定律及麦克斯韦方程组		麦克斯韦方程组	
	静态和时变场的边值问题		电磁波的导波和空间传播	
	平面波传播问题		电磁辐射	
	导行电磁波、电磁波辐射		狭义相对论	
	教学方式:课堂讲授为主		教学方式:课堂讲授为主	
	教学素材:讲义:谢处方,饶克谨,编,电磁场与电磁波,第四版,高等教育出版社,2006		教学素材:讲义:虞福春,郑春开,编著,电动力学,修订版,北京大学出版社,2003	
	区别:不明显,不少内容重复(如静态电磁场),且在推导形式上相差甚少			
	衔接:无			
	本科		研究生	
	教学内容模块	教学要求	教学内容模块	教学要求
调整后	矢量微积分与场论	理解基本概念、运用基本数学工具求解计算题,会分析有工程背景的问题,并提出简单的解析方法	规范电磁场方程时变及其多种求解方法	理解基本概念、运用基本数学工具对来源于工程的问题进行建模与进行解析求解
	实验定律及麦克斯韦方程组		电磁场基本定理	
	静态和时变场的边值问题		电磁场辐射与散射	
	平面波传播问题		电磁波的传播	
	导行电磁波、电磁波辐射		狭义相对论	
	教学方式:课堂讲授为主,其中以案例化教学库的讲解加深学生的理解和建模计算能力,以案例分析为大作业帮助学生建立初步的电磁建模计算能力		教学方式:课堂讲授+案例分析,引导学生为主讲解理论,以自己的研究方向的前沿问题为大作业,帮助学生建立面向科研实践的电磁建模计算能力	

续表

时段	本科	研究生
调整后	教学素材： 讲义：谢处方,饶克谨,编.电磁场与电磁波,第四版,高等教育出版社,2006	教学素材： 讲义：王一平,工程电动力学,修订版,西安电子科技大学出版社,2007
	区别：去除了冗余内容,其中本科阶段压缩了导波系统与辐射方面的教学内容；研究生阶段大幅压缩了稳恒电磁场的教学内容,对时变电磁场必要的梳理与回顾也在更高的层面上以系统的方式呈现,同时突出与通信工程实践密切相关的电磁辐射、传播等内容	
	衔接：将对麦克斯韦方程组为核心的方程体系及其基本求解的系统性梳理作为研究生阶段的开篇,引导学生快速掌握规范电磁场表示,适应电动力学体系的学习	

3.初步实施的效果和下一步的举措

本项改革已经历两个教学轮次的实践,以本校和外校考入的研究生的反馈作为对比组,每组人数大致相等,每届总选课人数为10～12人。可以看出以下问题。

(1)本校生源研究生一致反映,研究生阶段"高等工程电磁场"课程的学习过渡平滑,难度梯度小,相应的畏难情绪少,原来学习知识可以较为顺畅的导入,有利于快速掌握新的课程知识；外校生源同学则普遍感到与原有知识体系有一定的差距,需要教师单独辅导或请教同学,并投入更多精力以实现平顺的过渡。

(2)总体成绩均达到优、良水平,明显优于实践前的两届同学的成绩。当然,外校生源研究生的成绩提升与教师和同学额外付出的精力有一定的关系；此外教学方式的改革也起到了一定的作用。

上述实践结果在很大程度验证了本科、研究生阶段同一系列课程的协同规划带来的积极效果。为此下一步还将优化教学内容,编写自己的本科、研究生教材,完善案例教学库和习题库,优化考核矩阵,建立网课体系。

五、总结和展望

本文分析了面向本科、研究生讲授工程电磁场类课程中两个阶段课程在规划与建设方面普遍存在的内容过度重复、课程定位模糊、衔接困难等问题。结合国内外人才培养模式的变革动向,对上述这些问题进行了梳理,提出对本科、研究生阶段该类课程应进行协同规划的观点,并探讨了协同规划应该注重的要点。从教学内容、教学要求、培养方式、教学素材选用与建设等方面提出了对策,并对相关建设与改革的措施的实施效果进行了报道与分析。分析与实践表明,上述观点及相应的对策对电子通信类专业高水平人才培养有着重要意义。

下一步课题组还将把电类专业的本科和研究生授课教师全部纳入研究项目,群策群力,进一步优化两个阶段课程的协同规划,向协同建设的更高目标迈进,从专业、学科发展及国际化视野来优化相关措施,进一步提升其实施效果,支撑我校的相关专业、学科发展。

参考文献

[1]李长胜,林志立,冯丽爽."电磁场与电磁波"课程内容的修改建议[J].电气电子教学学报,2012(6):11-12,15.

[2] 李振华,于洁,李振兴."工程电磁场"教学中研究性教学方法的应用探索[J].新课程研究(中旬-双),2015(3):18-19.

[3] 苑东伟,李慧奇.工程电磁场课程综合教学改革实践[J].实验科学与技术,2015(4):157-159.

[4] 罗霞,罗阔,李震,刘洪山,代秋芳.电磁场与电磁波实验教学建设与探讨[J].中国现代教育装备,2015(5):87-89.

[5] 蔡立娟,陈宁.电磁场与电磁波优秀课建设的研究与实践[J].教育教学实践,2015(15):118-119.

[6] 张爱清,叶新荣,丁绪星.实例教学法在"电磁场与电磁波"教学中的应用[J].中国电力教育,2010(34):63-64.

[7] 周春月,刘颖,姚东伟,马宇光,孟庆辉.OBE理念下的本科生毕业实习创新模式研究[J].实验技术与管理,2016(10):19-22.

[8] 范懿,许明妍,马愈昭,张喆,韩萍.电磁场和微波课程群专题化教学实践[J],电气电子教学学报,2015(5):69-71.

[9] 鄢长卿,张晓峰.工学结合阶梯式培养人才培养方案研究——基于移动通信技术专业[J],电子测试,2015(10):138-139.

[10] 申彦春.通信工程专业校企合作模式研究[J],教育与职业,2014(23):179-180.

[11] 朱昌平,何海霞,朱金秀,高远,汤一彬,单鸣雷.台湾地区实践创新人才培养的考察与思考[J],实验技术与管理,2016(5):215-218.

作者简介

缪旻,男,教授,北京信息科技大学信息与通信工程学院教师,信息微系统研究所所长,长期从事电磁场类课程本科及研究生教学、集成电路与高速信号传输方向的科研。

李振松,男,高级实验师,北京信息科技大学信息与通信工程学院教师,长期从事通信专业课程实践教学以及集成电路与高速信号传输方向的科研。

课程思政在创客教育中的实践与探索

姚媛媛　岳新伟　潘春雨　李学华

(北京信息科技大学信息与通信工程学院,北京,100101)

摘　要:习近平总书记在全国教育大会上的讲话指出,"思想政治工作是学校各项工作的生命线""要把立德树人融入思想道德教育、工程认知教育、实践教育各环节"。北京信息科技大学作为一所北京市重点支持建设高校,多年来牢牢抓住"立德树人"这一根本任务,积极探索新形势下加强和改进大学生思想政治教育工作的新规律、新方法、新途径,形成了课程思政与新生创客教育相融合的教育工作模式,从而实现高校培养创新创业人才的目标。

关键词:思想政治;立德树人;工程认知;创客教育;创新创业。

Practice and Exploration of Course Ideological and Political Education in Maker Education

Yao Yuanyuan　Yue Xinwei　Pan Chunyu　Li Xuehua

Abstract: Xi Jinping's speech at the National Education Conference pointed out that "ideological and political work is the lifeline of school work", and "morality and nurturing must be integrated into all aspects of ideological and moral education, engineering cognitive education, and practical education." Beijing University of Information Science and Technology has firmly grasped the fundamental task of "morality and nurturing" and actively explored new methods for strengthening and improving the ideological and political education of college students. The new approach has formed an educational work model that integrates curriculum ideology and politics with freshman maker education, thereby achieving the goal of cultivating innovative and entrepreneurial talents in colleges.

Key words: Ideology and politics; morality and nurturing; engineering cognition; maker education; innovation and entrepreneurship.

一、引言

创客(Maker)一般指利用相关技术(3D打印、开源硬件等)努力把创意转变为现实的人,其核心理念就是"把创意付诸行动去改变现实和创造未来,而不是观望、等待和抱怨"。创客教育是一种融合信息技术,是一种以培养创新创业型人才为目标的新型教育模式。创

[①] 项目来源类别:北京信息科技大学2019年度教学改革立项资助(2019JGYB12)。

客教育开启了一个全民创新的时代,它依托于移动互联网、物联网、大数据、云计算等新一代信息技术,推动着全社会各个领域的深刻变革[1]。学校引入创客教育理念,鼓励大学生投身于"大众创业、万众创新"的热潮中,不断丰富创客文化,播撒创客种子[2]。

目前来说,我国高校对于大学生创客教育的探索仍处于初级阶段,许多高校的创客理念理解不够深入,仅仅流于形式,大学生对于创客有很高的热情但是局限于受限的实践环境,国内大学生创业比例普遍较低[3]。因此,在"大众创业、万众创新"新形势下,加强创客文化建设、深化创客文化教育将成为高等学校的首要任务。同时,高校思想政治教育也必须适应新形势、拓宽新领域,与创客文化培育、创新创业教育紧密结合,增强思政教育的针对性、时效性[2]。

二、创客教育的起源及存在的问题

创客的起源要追溯到 2014 年,时任美国总统奥巴马在第一次"白宫创客大会"中发言指出"充分释放美国人民的想象力,以确保美国是一个创造者的国家、确保下一代技术革命发生在美国"。目前,美国斯坦福大学等 60 多所高校已经陆续在校园里开设了创客空间,美国还每年举行一次创客嘉年华活动[4]。在国内,随着国家实施创新驱动发展,"中国制造2025""互联网+"等重大发展战略,国家对高素质创新创业人才的需求越来越迫切。国家提出"新工科"的教育发展战略,将侧重"以学生为中心"、提高学生适应变化的能力和工程创新能力,推动校企协同育人,引入多样化的教学模式,并将探索多学科交叉融合型的创新创业型人才培养[5]。

工程认知教育是大学新生认知教育的主题,教育和教学的效果如何将直接关系入学教育工作的效果。在过去的三年里,北京信息科技大学通信工程系围绕新生创新创业教育问题,依托专业导论课程、创客教育、校园文化活动、创客类比赛等形式,引导学生树立正确、稳定的专业思想,增强专业学习的主观能动性,也为提高学生思想政治建设打下坚实的基础。因此,工程认知教育的第一步则需要专业导论课的前置。新生入学后可能开设较多的公共课及基础课程,很少涉及工程或者专业技术知识。依托专业导论课切实疏通大学新生的认知教育是一个有效的途径。

新生第一学期专业导论课是新生正式接触专业知识的第一门课,但是以往的导论课主要是以专题讲座的形式来给新生介绍本专业的发展和关键技术,缺乏互动和直接的获得感,学生觉得专业知识与自己距离很遥远。2017 年,北京信息科技大学通信学院首次以专业导论课改革为载体,将创客理念融入导论课的教学之中,以先进的积木式智能硬件为实践平台,使学生快速上手,在短时间内完成自己的智能硬件作品。教师对学生进行专业方向引导,形成了"开心、开放、开源、开创"为特色的、面向成长引导、知识引导、实验引导、创新引导的创新型导论课教学模式。但高校想要成为创客教育文化引领的首要阵地,思政教育想要实现促进大学生综合素质全面发展的终极目标,必须要转变理念,培育创客文化,进而引导创新创业。

三、课程思政与创客教育的融合

1. 课程思政与创客教育关系密切

首先,课程思政与创客教育之间是相辅相成的关系,两者之间有着共同的载体:大学生。虽然两者的侧重点略有不同,但最终的目标都是促使大学生成长,有能力服务于社会、国家。思想政治教育侧重于大学生的理想信念,道德情操以及价值取向,教育体系目前在中国已经趋于成熟,形成了一套非常完善并且行之有效的教育体系,可以为高校的创客教育文化打好坚实的基础。而对于创客教育来说,侧重于培养大学生创新的精神以及思维,其实这本质上也是包含于思想政治建设教育的范畴之中。我们想要培养高素质创新创业型人才,就必须将这两者有机融合在一起。这样才能实现国家战略"大众创业,万众创新"。

其次,我们进行创客教育,可以在根本上改变大学生的价值观,转变大学生的思想道德理念。大学生在入学时接受创客文化的熏陶,培养创新创业的意识,思想积极向上,学习积极性高涨,进而拥有实践能力,实现自我价值。更进一步推动思政教育的快速发展。另外,利用互联网+新媒体技术改进学生自我发展的平台,推进思政教育与信息技术的高度融合,也可以增加教育的感染力、吸引力。更加有利于丰富思政教育内涵,提升创新创业能力。

2. 课程思政与创客教育融合的途径
(1)创客理念贯穿始末,更新思政教育理念

以专业导论实践环节改革作为第一步,将原有的模块化教学组织方式转变为基于项目式的任务型组织方式。以学生为中心,用创客的正能量和获得感抢占大一新生的空白思想阵地。在大二、大三和大四学年,以专业自主实践为载体,穿插各类创客活动,把创客理念渗透到整个大学过程中,形成四年不断线的进阶式教育体系,实现"学生全覆盖,过程全渗透"。这样,学生可以边学边"玩",集思广益,发散思维,变被动学习为主动学习,学习积极性高,个性发展有特色。也避免了传统思政教育集体主义理想信念培育的弊端。

创客教育的核心在于支持学生开展基于创造的学习,这种学习的关键就在于充分尊重学生学习的主体性、实践性、深度参与性、连续与完整性。学生在此过程中可以主动发现问题、分析问题、解决问题,进而验证、发展自己的想法以及提升对工程的认知能力,在提升解决问题的能力的同时还可以增强创新的激情与信心。也可以进一步增强思政教育的时效性。

(2)思政教育与创客教育深度融合-形成完整的案例库

将创客理念融入导论课的教学之中,讲座与实践交叉进行,讲座侧重信息技术与思想道德的融合,实践环节分多次进行,使学生快速上手,在短时间内完成自己的智能硬件作品,以不断的成就感激发学生的学习兴趣,增强自主学习能力,增强专业认知水平,体验自己的实践作品带来的骄傲与成就感,实现思政教育与创客教育的融合。

另外,可以从历年参与导论课以及创客大赛的学生那里选择优秀的作品,整理成册,形成案例库,对一个作品进行完整的解析。这样,对于下一届的新生接触到案例库后可以加快其对创客与思政教育的理解并快速激发其兴趣。

（3）加强对创客主题活动过程的监督，融入思政教育建设

除了专业导论课和实践环节中对学生进行基于创新创业教学实践外，开展系列创客主题活动，营造人人创新，人人都是发明家的氛围也是非常重要的。因此，还应积极推动"新生创客大赛""大学生创客营"等系列活动的宣传与开展，针对学生的薄弱环节展开技术和创意培训，并加强对过程的监督与激励，不定时间抽查学生进度，引导学生真正融入创新创业教育当中。

另外，培养学生助教，学生助教是一份集兴趣与使命、情怀与成就于一身的特殊工作，也是导论课讲解专业知识之外的精神内涵："传承创客精神，引领菜鸟进阶"。引进学长学姐对新生进行入门指导，加强对新生的监督以及对助教的激励力度，加快新生对工程认知教育的理解，实现大一到大四学生工程认知教育的共同进步，实现创客文化与思想政治教育的深度融合。

四、案例分析

以 2018 年第二届创客大赛获奖作品"四足机器人"为例，案例库中涵盖科学原理、技术方案、基本框架、工程实现、项目优化方向以及总结等几个部分，学生通过对机器人"踢腿模式"和"爬行模式"的分析，不断对模块和代码的改进和完善，实现可以自由行走的四足机器人。这也是思政教育与创客教育融合的一个成功典型案例。其中，图 1 所示为初代踢腿四足机器人，图 2 为二代爬行四足机器人。

图 1　初代踢腿四足机器人

具体技术方案为：

本项目的技术方案如图 3 所示。项目用到模块有 mCookie 电源模块、控制模块、转接板、LED 灯、声音传感器、红外接收传感器、人体红外传感器、舵机，完全基于 mCookie 套件实现。此套模块的主要控制为 Mcookie。

在图 3 所示的技术方案中，各模块的主要功能如表 1 所示。

图 2 二代爬行四足机器人

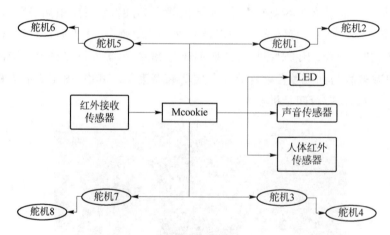

图 3 基本框架

表 1 各模块的主要功能

mCookie 电源模块	提供动力
mCookie 控制模块	中央处理单元,控制机器人的步态
转换板	提供传感器与中央处理单的接口
LED 灯	提供光源
声音传感器	探寻声音,并通过 LED 灯做出反应
人体红外传感器	感应运动人体
红外接收传感器	通过红外遥控控制整个机身的运动

五、总结和展望

大学生创客是大众创业、万众创新的重要力量,因此,加强创客文化建设是推进高校创新创业教育改革的重要举措。高校思想政治教育必须通过培育创新创业精神、深化教育教学改革、应用网络信息平台、加强校园文化建设等途径实现高校培养创新创业人才的目标。

参考文献

[1] 左时伦,何高法.工程认知实习中开展创客教育的尝试,重庆科技学院学报,2016(4)。

[2] 胡洁,包利荣.试析创客文化与高校思想政治教育的融合.开封教育学院学报,2017,37(3),215-216.

[3] 周金芝,杨明,廖同庆.基于创客教育的大学生创新创业能力培养研究.吉昌学院学报,2019(5):88-90.

[4] 曾祺,刘猛.大学生创新创业教育现状分析与对策研究[J].北方经贸,2013,(1):110-110.

[5] 黄荣怀,刘晓琳.创客教育与学生创新能力培养[J].现代教育技术,2016,26(4):12-19.

作者简介

姚媛媛,女,北京信息科技大学副教授,研究方向为:无线资源分配、绿色通信。

岳新伟,男,北京信息科技大学副教授,研究方向为:非正交多址技术。

潘春雨,女,北京信息科技大学讲师,研究方向为:软件定义网络、无线资源分配。

李学华,女,教授,研究生导师,北京信息科技大学信息与通信工程学院副院长,北京高校电子信息专业群协作委员会委员,长期从事信息通信类专业的教学与科研,多次获得北京市市级及国家级教学成果奖。

科技创新类

基于 Arduino 和 Intel 主机的对静态低速物体捕捉机器人的设计与实现

闫广泽　鲍亦斐　费晓通　史栋元　徐湛

（北京信息科技大学 通信与工程学院，北京 100101）

摘　要：本文介绍一种对低速静态物体实行锁定、报告、捕捉的机器人。运用卷积神经网络 CNN 的目标检测技术和 Intel movidius VPU 神经网络计算加速技术，将图像识别获取的图像在 ROS 系统中进行处理，通过串口技术连接上位 Intel 主机和下位 Arduino 并驱动底盘电动机运动，锁定跟踪报告目标。在目标静止后通过矫正将静止的目标移动至射击框内，靠近射击，以完成对目标的捕捉。

关键词：图像识别 slam 建图；导航避障路径规划；串口通信。

Design and implementation of a static low-speed object capture robot based on Arduino and Intel

Yan Guangze　Bao Yifei　Fei Xiaotong　Shi Dongyuan　Xu Zhan

(School of Information and Communication Engineering,
Beijing Information Science and Technology University, Beijing 100101)

Abstract: This article introduces a robot that can lock, report and capture low speed static objects. The target detection technology of convolutional neural network (CNN) and Intel movidius VPU neural network (VPU) are applied to process the image acquired by image recognition in the ros system. Through serial port technology, the upper Intel host and the lower Arduino are connected and the chassis motor is driven to lock and track the reported target. After the target is stationary, the stationary target is moved into the shooting frame by correction to approach the shooting to complete the target capture.

Keywords: image recognition; slam Constructing cartographic; navigation and obstacle avoidance; serial communication.

一、引言

随着中国城市化的不断加深和人们生活水平的不断提高，越来越多的人会选择饲养宠物来点缀自己的生活。因饲养不当或其他原因使流浪宠物的数量增多所导致的流浪动物伤人事件时有发生，对居民的人身安全造成隐患。西方国家自 20 世纪中期对流浪宠物就有相关法律管理，专人负责抓捕收容流浪动物，中国国内也在相继出台相关管理办法。但截至 2019 年 6 月仅流浪狗的数量已经超过了 4000 万只，城市内建筑物和障碍物繁多的情况对人工捕捉会产生不便，还伴有被流浪动物攻击的危险，这些对于人工捕捉造成很大困难。在人工成本日益高涨的今天，机器人替代人工对流浪动物进行捕捉势在必行。

二、总体设计介绍

本品设计思路为使用深度摄像机获得图像原始数据，传入上位 intel nuc 中，设备以数据集或数据帧的形式来更新数据，设备逐帧处理基于深度学习的 voc 数据集可以识别出成活的常见动物，在有目标动物进入摄像头内后判定成功即可锁定跟踪。机器人底部搭载激光雷达，在机器人行进中可以自动绘制工作区域地形图，通过上位机串口通信连接下位 Arduino 及其拓展驱动电动机移动可以完成避障。在设定目标大致坐标后，可以进行路径规划自动导航至目标区域。锁定目标后基于图像数据控制电动机移动使目标处于屏幕中心，即射击区域，在此期间激光雷达依然可以发挥避障功能，指导机器人跟踪目标直至目标静止并对其射击捕获。设计框架如图 1 所示。

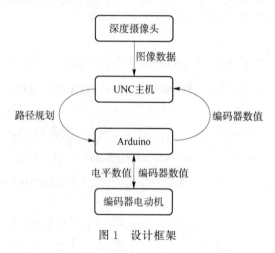

图 1　设计框架

三、基于 ROS 操作系统的驱动方法

1. ROS 操作系统简介

机器人操作系统（Robot Operating System，ROS），是一个应用于机器人开发的开源框架，其主要设计目标是提高机器人开发过程中的代码复用率，它可以提供操作系统的功能，其中包含硬件的描述语言，底层驱动程序管理和串口节点通信等。近几年，随着机器人和人工智能的快速发展，ROS 也得到了非常广泛的应用和实践，已经成为机器人领域最广泛使用的前端开发框架。

2. 移动底盘

机器人采用差速运动底盘，所使用的两个直流编码器电动机驱动的主动轮和两个万向从动轮，编码器可反馈运动角度，配合齿轮尺寸，可以计算出单个电动机运动速度。对两个电动机运动速度进行计算可得出整机运动轨迹。下面对其进行建模分析，如图 2 所示。

图 2 中，l 为轮距，r 为底盘的转弯半径，v_l 代表左轮速度，v_r 代表右轮速度，假设在单位时间 t 内，右轮比左轮多走了距离 d。对于差速轮底盘来说底盘航向角变化了多少度，它就绕其运动轨迹的圆心旋转了多少度，即 θ_1 等于 θ_3，另由几何关系可知 $\theta_1 = \theta_2 = \theta_3$。差速轮底盘直线位移速度等于左右轮速度的平均值，即式(1)。

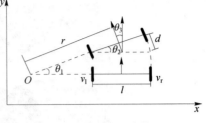

图 2 移动地盘建模

$$v = \frac{v_r + v_l}{2} \tag{1}$$

假设单位时间非常短，因此 θ_2 变化量很小，所以 θ_2 可以近似等于 $\sin\theta_2$，于是有式(2)成立。

$$\theta_2 \approx \sin\theta_2 = \frac{d}{l} = \frac{(v_r - v_l)\Delta t}{l} \tag{2}$$

因为 $\theta_1 = \theta_2$，所以可以得到机器人绕圆心运动的角速度，单位为 rad/s，即式(3)。

$$\omega = \frac{\theta_1}{\Delta t} = \frac{v_r - v_l}{l} \tag{3}$$

已知机器人的角速度与线速度，可以推出机器人的转弯半径，即式(4)。

$$r = \frac{v}{\omega} = \frac{l(v_r - v_l)}{2(v_r - v_l)} \tag{4}$$

式(1)、式(3)、式(4)即为差速轮底盘的运动学方程，可以由左右轮速度推算出机器人底盘的整体线速度，角速度和转弯半径。也可以由底盘的整体速度反推出底盘左右驱动轮的速度。

3. SLAM 技术

(1) SLAM 技术原理分析

为实现路径规划和避障功能，机器人需要对其所处周围环境进行建图，这里就要涉及 SLAM 技术。在一个未知的环境下，机器人从某个位置出发，在行进的过程中，记录自身的里程数 $u = u_1, u_2, \cdots, u_t$，已知自身位置信息和外部传感器的观测数据 $z = z_1, z_2, \cdots, z_t$，套用运动模型同时计算出自身运动轨迹 $x = x_1, x_2, \cdots, x_t$，环境地图 m 和自身定位。这就是 SLAM 技术的原理，从概率学角度可以用 SLAM 的递归公式表示：

$$\begin{aligned}\mathrm{Bel}(x_t, m_t) &= p(x_t, m_t \mid z, u) \\ &= \eta p(z_t \mid x_t, m_t) \iint p(x_t, m_t \mid x_{t-1}, m_{t-1}, u_{t-1}) \mathrm{Bel}(x_{t-1}, m_{t-1}) \mathrm{d}x_{t-1} \mathrm{d}m_{t-1}\end{aligned} \tag{5}$$

式中，η 表示归一化常量。$p(z_t \mid x_t, m_t)$ 为建立的激光雷达观测模型。

SLAM 技术输出类型有三种，分别为尺度地图、拓扑地图和混合地图。混合地图是将前两种地图进行结合，在路径规划时有显著优势。

(2) 环境地图的建立

应用 SLAM 技术生成的地图有多种表示方法，每种表示方法都有各自的适用场景和特显，栅格表示法相对时间和空间消耗最优；特征表示法以单纯几何特性表示个障碍物；拓扑表示法空间复杂度低，内存占用小；直接表示法直接使用传感器的数据建立地图，如图 3 所示。

本机器人使用栅格表示法构筑地图，在这里因为机器人只能在二维平面运动所以只讨论二维平面地图。

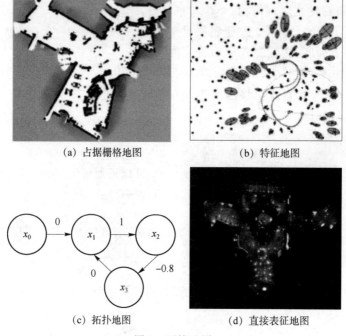

(a) 占据栅格地图 (b) 特征地图

(c) 拓扑地图 (d) 直接表征地图

图 3 环境地图

栅格地图是将环境地图切分成 m 个小格,每个格子为一个单元,用 m_i 表示第 i 个格子,然后用二值化的占据变量与每个栅格单元相对应,占据变量用于表示对应的栅格单元是否被占据,占据变量若为 1 则表示该栅格被占据,反之为 0 则表示没有被占据。在激光雷达扫描的过程中,第 i 个栅格对应的位置可能会被多次探测,若某时刻探测显示该位置存在障碍物,第 i 个栅格被占据的概率为 $p(m_i)$,其未被占据的概率为 $p(-m_i)$。将构建地图问题划分为一些独立的概率问题,为每个独立的栅格单元 im 建立后验概率:

$$p(z_t|x_t,m_t)$$

经一系列数学变换后可得每小格概率:

$$p(m_i|x_{1:t},z_{1:t}) = \left[1 + \frac{1-p(m_i|x_t,z_t)}{p(m_i|x_t,z_t)} \cdot \frac{1-p(m_i|x_{1:t-1},z_{1:t-1})}{p(m_i|x_{1:t-1},z_{1:t-1})}\right]^{-1} \quad (6)$$

这就是第 i 个栅格的被占据概率在 $t-1$ 时刻的基础上,获得了新的观测值后的更新公式。通过机器人的角度状态在世界地图中的对应状态,可以将该占据概率信息映射到栅格地图上,通过与概率对应的灰度值展现出来。

4. 路径规划

在基于地图的导航系统中,全局规划和部分规划是指导机器人到达指定目的地的两种必须方式。根据起始点和目标点的坐标,可以先通过全局路径规划计算出一条大致的路线,然后调用部分路径规划算法根据之前规划的路径以及地图信息规划移动中的运动策略。从而达到路径规划的目的。

全局路径规划有两种算法 Dijkstra 算法和 Astar 算法(A * 算法),Dijkstra 算法是一种基于图的算法,其主要思想为起始点逐渐层层扩散,知道扩散到重点位置,在栅格表示法的地图下障碍物用黑色表示模型如图 4 所示。

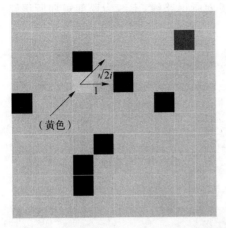 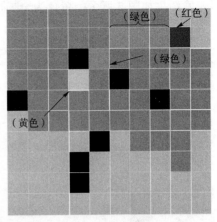

图 4 全局路径规划

模型图图中黄色表示起始点,黑色表示障碍物,红色表示目标点,浅灰色点表示可以通过的点。途中距离有三种:①垂直或水平相邻的两个灰色格子的距离为 i。②斜线相邻的两个灰色格子距离为 $\sqrt{2}i$。③黑色格子和任何格子的距离都为 ∞。

A*算法在路径规划过程中会充分利用所有已知的信息例如迭代次数,以及估算从起始位置和当前位置到目标位置的所需代价来选择下一步路径。其基本思想为定义当前栅格单元 X 的估价函数 $F(X)$,估价函数 $F(X)$ 定义如下:

$$F(X)=G(X)+H(X) \tag{7}$$

式中,$G(X)$ 为实际代价距离,$H(X)$ 为最小估计代价,$H(X)$ 有两种算法分别为欧几里得距离和曼哈顿距离分别可通过公式:

$$H(X)=\sqrt{(X_x+D_x)^2+(X_y-D_y)^2} \text{ 和 } H(X)=|X_x-D_x|+|X_y-D_y| \tag{8}$$

可得,目的栅格单元为 (D_x,D_y),当前栅格单元为 (X_x,X_y),两种方法均可保证走势为最优路径。

色块所代表的含义和 Dijkstra 算法相同。对比可看出在 $H(X)$ 设置合适的情况下 A* 所需空间较小,算法效率较高其效果和 Dijkstra 算法相似,所以本机器人使用 A* 算法来实现路径规划。

全局路径规划后需要用局部路径规划确定运动策略。基于 ROS 的局部路径规划一般使用传统 DWA 算法,对其运动轨迹进行分析和优化。其主要原理为在机器人行进时采集数据样本,然后模拟下一个时刻的运动轨迹,对这些轨迹进行对比,选出最适合的运动轨迹。这样就能使机器人的速度处于合理的区间内。其数学原理在此不过多阐述,详细见参考文献。

机器人速度公式:

$$V_m=\{v\in[v_{\min},v_{\max}],w\in[w_{\min},w_{\max}]\} \tag{9}$$

避障处理:

$$V_a=\{(v,w)\mid v\leqslant\sqrt{2\cdot\text{dist}(v,w)\cdot\dot{v}_b}\wedge w\leqslant\sqrt{2\cdot\text{dist}(v,w)\cdot\dot{w}_b}\} \tag{10}$$

机器人电动机性能:

$$V_d=\{(v,w)\mid v\in[v_c-\dot{v}_b\Delta t,v_c+\dot{v}_a\Delta t]\wedge w\in[w_c-\dot{w}_b\Delta t,w_c+\dot{w}_a\Delta t]\} \tag{11}$$

模拟所得避障结果如图 5 所示。黄色为全局规划所得路线,虚线为局部规划所得路线,即实际行走路线。

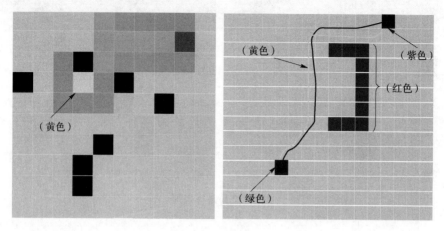

图 5　避障结果

5. 基于卷积神经网络的图像识别

卷积神经网络的基础为模拟人脑的多重感知,其主要思想为通过卷积层和采用样图的结构向下分解图像,如图 6 所示。

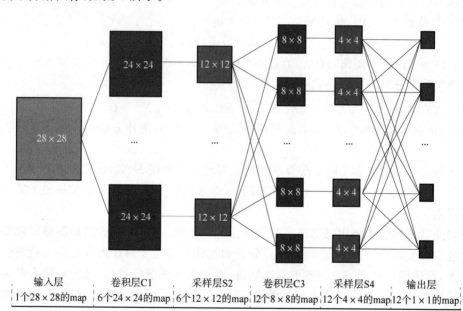

图 6　基于卷积神经网络的图像识别

卷积由多个卷积核构成,对输入层进行卷积操作,构建不同特征的图像。为减少图像分辨率,减少计算量,根据图像的相关性进行降层采样,增多卷积核数量,增加识别速度。

目前深度学习目标检测算法有很多种在大型机上有 Faster R-CNN 算法这种算法识别度高,但因为需预选区域再对区域内的图像进行识别,所以所需计算力巨大。在这种算法的思想上引入回归问题,YOLO算法就诞生了,这种算法将目标检测转换为回归问题,将图像切分逐个检测,但对大目标检测效果不好,容易造成误检测。在这两种算法的基础上提出的MobileNet-SSD算法在保证实际性的前提下提高了检测精度。

MobileNet-SSD模型是使用MobileNet网络代替VGG网络作为基础结构,用深度可分离卷积替代标准卷积解决卷及网络计算效率低和数据量大的问题。如图7所示,尽管这种方法结合SSD框架,会使检测准确率有所下降,但可以使计算量大幅减少。这种方法极为适合对于移动端机器人或者嵌入式平台这类计算能力有限的个体使用。

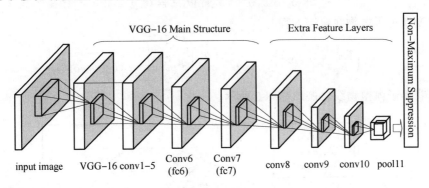

图7 MobileNet-SSD模型

6. 波箱结构及子弹轨迹

本结构为机器人的发射部分使用波箱结构的发射器及研究子弹飞行轨迹以确保命中率。

(1) 波箱结构

波箱为往复电动机驱动弹簧实现快速射击。其内部为非编码电动机通过齿轮组降速,在通过半齿滑动齿条在 $T/2$ 内由半齿压缩弹簧实现电能到势能的转换,在剩下 $T/2$ 周期内由于齿条脱齿实现势能到动能的转换从而完成射击。原理图如图8所示。

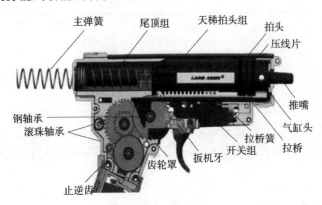

图8 波箱结构

(2) 子弹轨迹

子弹轨迹在波箱放置角度不确定的情况下为类斜抛问题,在不考虑风速只考虑空气阻力的条件下,设子弹质量为 m,射出角为 θ,初速度为 v_0,空气阻力 $f=-kv$,根据牛顿第二定律在 x 和 y 方向上有

$$-kv_x = m\frac{\mathrm{d}v_x}{\mathrm{d}t}$$

$$-mg - kv_y = m\frac{\mathrm{d}v_y}{\mathrm{d}t} \tag{12}$$

代入初始条件

$$v_x = v_0\cos\theta, v_y = v_0\sin\theta, x = 0, y = 0 \tag{13}$$

经过公式变换可得抛物线轨迹方程

$$y = \left(\frac{mg}{k} + v_0\sin\theta\right)\frac{x}{v_0\cos\theta} + \left(\frac{m}{k}\right)^2 g \cdot \ln\left(1 - \frac{x}{\left(\frac{m}{k}v_0\cos\theta\right)}\right)$$

代入角度获得子弹抛物线轨迹图如图 9 所示。

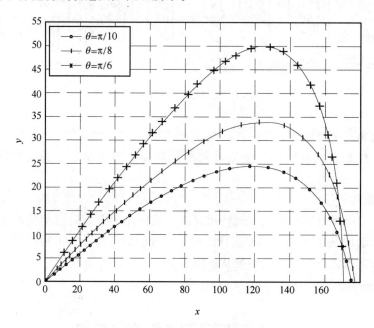

图 9　子弹抛物线轨迹图

7. 上下位机通信

ROS 系统与 Arduino 通信普遍运用 ROS-Arduino-bridge 库函数。和大多数通信协议一样,该协议通过自定义的方式与 Arduino 进行通信,可以即插即用,只需更改例如中断方面的一些配置即可。

四、硬件介绍

机器人由以下结构组成。

①核心为 Intel nuc 主机,型号为 Intel NUC7i3BNH,搭载 7 代 i3 处理器、128 GB 固态硬盘、4 GB 内存,该系列机型体积小、散热快、功率低适合用于小型机器人开发。

②英特尔 Movidius 神经计算棒,解决了机器人深度神经网络在主机上计算速度过慢的问题。

③深度摄像机选用 Intel Realsense lr200,可以调节俯仰角。

④激光雷达选用镭神激光雷达,测距角度 360°,范围 8 m,测量频率 2000 Hz,分辨率 1°。

⑤底盘核心控制板由 Arduino nano 及其拓展板制成,拓展版为自制,包含电动机驱动板、DC 升压模块、DC 降压模块、USB 供电输出模块、开关急停模块、电压显示表等。(如附件 1)

⑥电源选用 12 V 10 000 mAh 大容量锂电池配合变压模块可以同时给主机和 Arduino 供电,发射器由 5 V 2000 mAh 电池单独供电以保证电压稳定。

⑦电动机用 Arduino 编码器电动机。

⑧主体结构使用碳纤维搭建的半包围结构,每层之间使用铝柱支撑使整车重量小于 10 kg。

⑨执行机构(发射系统)为波箱结构,使用无危险性的水弹作为子弹。

⑩其他零件包括万向轮、螺钉、螺母、连接线、按钮、继电器、机载音响。

机器人连接如图 10 所示。

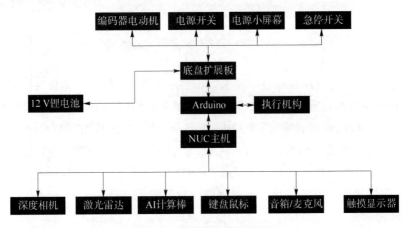

图 10 机器人硬件连接图

1. 主机区域连接

主机区由 Intel nuc、Arduino nano 和其拓展板组成,如图 11 所示。将 Arduino 安装在拓展版上用 usb 3.0 线连接 Intel 主机和 Arduino。拓展板包含电动机驱动板、DC 升压模块、DC 降压模块、USB 供电输出模块、开关急停模块。

DC 升降压模块将电池输入的 14 V 电压转换为 19 V nuc 主机电压、12 V 拓展电压和 5 V USB 拓展坞电压。分别将总电源和急停接口连接开关,stop 按钮为旋转自锁按钮,按下时可以直接通过电路切断对电动机供电,解除时需顺时针旋转 90°方可抬起;开关配有红灯显示,在按下后红灯亮起代表电源接通,在按下后按钮抬起红灯熄灭。M1-M2,M3-M4 分别为两组编码电动机接口,可支持两轮模式或四轮模式。双路 A0～A6 可安装 16 个费编码电动机,作为拓展屋使用。

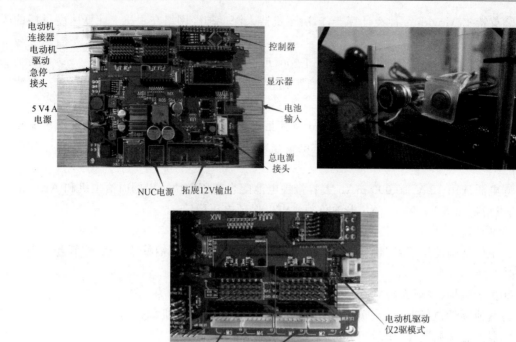

图 11 主机实物图

主机区连线如下,电池连接总电源接头,nuc 主机电源连接 19 V 电源接口,USB 拓展坞电源口连 5 V 电源数据口连接 nuc 主机;拓展屋四个 USB 接口从左到右分别为神经计算棒、无线蓝牙鼠标键盘、机载音响、激光雷达;急停、电源开关连接拓展板相应位置;Arduino nano 连接 nuc 主机;深度摄像头连接 nuc 主机;显示屏连接 nuc 主机。将 Arduino nano 安装在拓展板上,右侧电动机驱动排针上安装"tb6612fng 电动机驱动";激光雷达连接在"串口转 USB"上再连接到 usb 拓展坞。连接完成如效果图 12 所示。

2. 波箱结构示意

发射系统由波箱组成,电动机配合齿轮组组成往复电动机驱动波箱发射水弹,从而能够击中目标,发射距离最远距离 8 m。子弹为水弹,击中目标即破碎,对物品无危害,在实际运用中可以更换为麻醉针。发射器的发射动作由一个高电平触发的继电器来完成,如图 13 所示,继电器 5 V 和 GND 连接拓展版,控制端连接 Arduino 的数字口,通过规定数字口的电平高低来完成射击。

除了基础框架部分,发射系统安装于特殊平台上,如图 14 所示,通过平台框架的设计确保机器人不会在执行动作时不会因为后坐力翻倒,并且可以通过平台来微调射击角度,从而达到稳定打击目标的目的。平台下方安装炮台系统可使平台在必要时水平旋转,角度为 $-20°<\theta<20°$,平台通过齿轮比为 16:84 减速齿轮如图 15 所示,可以保障上部波箱系统稳定运行,并辅助底盘调整位置精确瞄准。效果如整体图 16 所示。

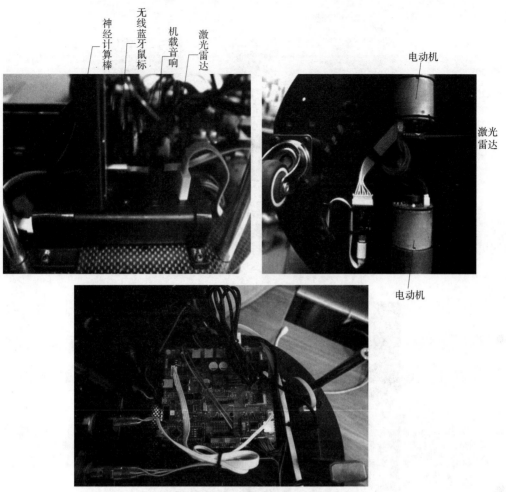

图 12 硬件连接图

图 13 发射器

图 14 发射系统

图 15 减速齿轮图

图 16 整体图

五、总论

在狭小的室外区域,GPS 导航无法使用,应用当前热门技术,使机器人可在未知环境中导航自动识别并射击目标。本文运用到了多项技术:ROS 操作系统,差速底盘,激光雷达动态建模,路径规划与避障,基于神经网络的图像识别,运用 MobileNet-SSD 算法训练生成模型,使用波箱作为发射器,结合空气动力学计算子弹轨迹。综合以上技术完成对流浪动物的安全捕捉。

下一步研究重点为加装无人机配合机器人实现陆空一体,增加对所工作区域的动态掌握能力。并且优化锁定代码使之射击更加精准。

参考文献

[1]杜哲夫.基于激光雷达的室内移动机器人 SLAM 与导航技术研究[D].湖北工业大学,2019.

[2]田小路,张莉敏.基于卷积神经网络的宠物狗种类识别[J].信息技术与信息化,2019.08,005:21-22.

[3]邓波.集成卷积神经网络的图像分类[J].图像与多媒体技术,2019-11:67-68.

[4]王辉.基于 ROS 的机器人路径导航系统的设计与实现[D].中国科学院沈阳计算技术研究所.2019.

[5]胡广.基于粒子滤波的移动机器人导航技术研究[D].华中科技大学.2017.

作者简介

闫广泽,男,本科生就读于北京信息科技大学信息与通信工程学院通信 1701 班(卓越)。
鲍亦斐,男,本科生就读于北京信息科技大学信息与通信工程学院通信 1703 班。
费晓通,男,本科生就读于北京信息科技大学信息与通信工程学院通信 1702 班。
史栋元,男,本科生就读于北京信息科技大学信息与通信工程学院通信 1701 班(卓越)。
徐湛,男,教授,研究生导师,长期从事信息通信类专业的教学与科研。

附件 1

B-SEAL 三栖球形机器人

安昊　黄逍　丁傲　甘鑫铎　陈柏江　杨茜媛　王亚飞

(北京信息科技大学信息与通信工程学院,北京,100101)

摘　要:如今随着社会的不断进步,科研技术越来越先进,综合适应能力更强的"球形机器人"概念被提出。该类机器人具有平衡性强、密闭性好、灵活度高且不存在侧翻等问题,因此无论是在军用情报刺探,外星登陆探索,还是危险地方的数据采集等都有巨大的开发潜力和应用市场。

关键词:球形机器人;Arduino 技术平台;3D 建模。

B-SEAL Amphibious Spherical Robot

An Hao　Huang Xiao　Ding Ao　Gan Xinduo　Chen Baijiang
Yang Xiyuan　Wang Yafei

(School of Information and Communication Engineering, Beijing Information Science and Technology University, Beijing, 100101)

Abstract:Nowadays, with the continuous progress of society, scientific-researching technology is becoming more and more advanced, and the concept of "Spherical Robot" with stronger comprehensive adaptability has been proposed. This type of robot has strong balance, good airtightness, high flexibility, and no rollover, so it has huge development potential and application market, which can be wisely used in military intelligence spying, alien landing exploration, and data collection in dangerous places.

Keywords:spherical robot; Arduino technology platform; 3D modeling.

一、引言

　　球形机器人是指一类驱动系统位于球壳(或球体)内部,通过内驱动方式实现球体运动的机器人,球形机器人将运动机构、传感器、控制器等零部件均内置于一个球壳内部、利用球壳作为其滚动行走装置。在 1996 年,Aarne Halme 等人研制出了第一台具有真正意义上的球形运动机构。该机构的运动原理是通过内部驱动单元(Inside Drive Unit,IDU)的运动来打破球体的平衡,与电动机固联的驱动轮,通过轮的转动控制运动方向的改变。球体内部构件能够与外部控制部分进行无线电通信联系。自从球形机器人开发研制以来,国内国外都进行了很多次迭代,不断对其功能进行完善。

　　与轮式、履带式等移动机器人相比,球形机器人运动灵活;所有机械结构与电路控制系统均在球壳内部,避免恶劣的外界环境造成损伤,增强了系统的稳定性;由于球状外形的几何特性,机器人在运动过程中与其他物体发生碰撞,会在短暂的不规则运动后恢复稳态;同时,发生高空跌落等危险情况时,不会因为翻仰导致宕机,仍然可以继续工作。

利用球形机器人良好的密封性、动静态平衡性、水陆两栖等功能,可将其投放至无人、沙尘、潮湿、腐蚀性的恶劣环境中,应用于行星探测、环境监测、国防装备、娱乐等领域。因此,球形机器人在野外作业、反恐及灾难救援、社会服务等领域都具有相当广阔的发展前景。

但现有球形机器人受限于全封闭球形外壳和特殊的滚动行走方式,缺少搭载外部测量传感器的能力,造成其环境感知能力较弱等问题。另外,能够具备搭载外部测量传感器的球形机器人或者平台,由于外部架构条件导致难以快速启动或无法灵活转向滚动等。所以现有的球形机器人很难将快速启动与外部搭载测量传感器两者兼顾。而对于一个机器人来说,稳定灵活的运动性能与对外界灵敏感知能力缺一不可,这便是本项目对球形机器人研究的主要方向。

二、B-SEAL 三栖球形机器人设计方法

1. 机器人设计方案

机器人整体设计

本项目 B-Seal 三栖球形机器人由飞行平台和球形探测器组成,可在水陆空三种环境下进行工作。

飞行平台为平衡性更强的六旋翼无人机,在进行复杂地形的探测任务时,六旋翼无人机承担运输工作,使球形探测器更快捷地到达任务地点;而在 B-Seal 不进行陆地和水面探测任务时,六旋翼可卸下球形机器人,变为搭载高清摄像机、GPS 等探测器的独立飞行器。

球形探测器采用动力和探测两部分模块化设计,动力部分内置于探测平台,是一套移动控制系统,传感器电路搭载在探测平台传感器舱内,舱门打开后开始采集环境数据。内层的移动控制系统控制球形探测器整体的行进速度和方向,采用全封闭结构,避免外界环境的影响达到防尘、防火、防水的目的。传感器电路采用 M-cookie 可编程模块电路,根据执行任务的探测内容和环境调整传感器电路,增加了球形机器人执行任务的多样性。

球形探测器和遥控装置之间 Wi-Fi 通信进行信息传输,通过遥控控制机器人执行相应动作;传感器采集的相关数据反馈到云平台,通过数据解析以图像形式实时呈现。

球形机器人系统结构图如图 1 所示。

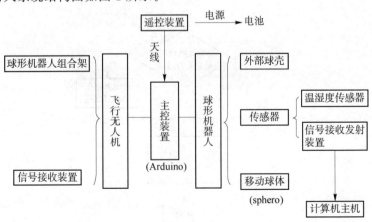

图 1 球形机器人系统结构图

2. 关键电路

(1) 传感器电路

本系统主要硬件设计实现电源电路、蜂鸣器电路、晶振电路、LCD 显示电路以及温湿度传感器电路。

按照系统的设计功能所要求的，温湿度监控系统框图如图 2 所示。

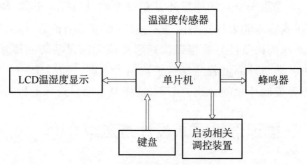

图 2 温湿度监控系统框图

(2) 探测电路工作流程

温湿度传感器选用数字温湿度传感器，其具备已校准数字信号输出，具有很高的稳定性和可靠性。单片机对现场的温湿度实时监测，并向蜂鸣器报警模块发出相应指令。当外部环境的温度或者湿度超过预设值的时候，蜂鸣器电路变为低电平，蜂鸣器导通鸣叫。

软件设计根据温湿度监控系统功能，系统软件流程图如图 3 所示。

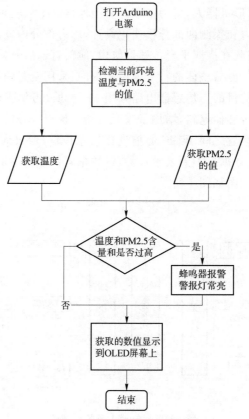

图 3 探测系统软件流程图

(3)电路设计改良

在本项目实际设计过程中,考虑到能够更为方便地实现数据实时传输,项目采用M-cookie可编程模块化套件,利用Wi-Fi模块实现在云平台实时接收传感器采集的环境数据,可通过OLED显示屏与串口监测观察数据并进行数据分析。M-cookie模块实现环境数据采集传输的系统框图,如图4所示。

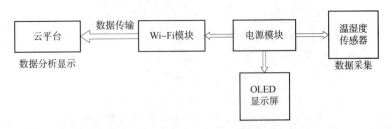

图4 利用M-cookie模块实现数据采集传输框图

3. 模型架构

(1)球形机器人飞行器组架

为了让球形机器人与无人机结合起来以实现飞行模式,通过3D建模设计了飞行器组架,如图5所示。飞行器组架固定在无人机下方,球形机器人放置在组架内部,由无人机承载到预定区域进行环境检测。

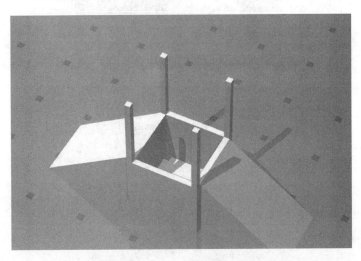

图5 球形机器人飞行模式的飞行器组架3D建模

(2)球形机器人外壳设计

球形机器人需要携带各类传感器进行环境检测,于是在球体外侧加上外壳,外壳顶部留有空间放入M-cookie组件及传感器,由此可以在保证球体正常前进的同时起到采集数据和保护球体的作用。球体外壳如图6所示。

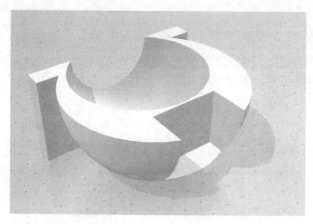

图 6　球形机器人球体外壳 3D 建模(半个球体外壳)

三、测试与调试

1. 配置环境

本系统采用 sprk＋为动力部分，采用 M-cookie 与兼容 Arduino 的功能硬件模块作为传感器部分。安装 sprk＋ APP 到手机上，通过蓝牙模块进行连接。

图 7　动力部分

2. 应用代码程序

(1) PM2.5 检测器引用程序

```
temp = termo.getTemperature();
    if (pmSensor.available() == true) {
```

```
PM2_5 = pmSensor.getPM25();
```
(2)温度检测联动蜂鸣器和报警灯
```
if (temp >= 28) {
    tone(BuzzerPin6,1000);
    for(int breathI = 0;breathI <= 255;breathI ++){
        analogWrite(3,breathI);
        delay(1 * 1000/500);
    }
}
```
(3)PM2.5检测器联动蜂鸣器与报警灯
```
if (PM2_5 >= 75) {
    tone(BuzzerPin6,1000);
    for(int breathI = 0;breathI <= 255;breathI ++){
        analogWrite(3,breathI);
        delay(1 * 1000/500);
    }

}
```
(4)显示屏程序
```
u8g.firstPage();
  do {
    setFont_M;
    u8g.setPrintPos(0, 20);
    u8g.print("temp");
    setFont_M;
    u8g.setPrintPos(0, 40);
    u8g.print(temp);
    setFont_M;
    u8g.setPrintPos(0, 60);
    u8g.print("humidity");
    setFont_M;
    u8g.setPrintPos(0, 100);
    u8g.print("pm");
    setFont_M;
    u8g.setPrintPos(0, 120);
    u8g.print(PM2_5);
  } while( u8g.nextPage() );
```

四、云平台数据分析

利用 M-cookie 温湿度等传感器模块监测环境数据,通过 Wi-Fi 模块将采集的数据实时上传到云平台,如图 8 所示。云平台的数据经过导出,部分数据如图 9 所示。在实际应用中,通过对数据加以分析,就可以及时地发现各个环境指标所反映的问题,把控环境监测的总体情况,对可能出现的问题,加以防范,及时采取管控措施。

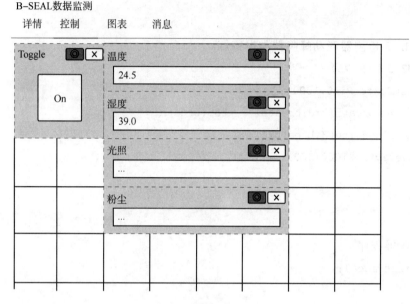

图 8　云平台数据监测显示

图 9　从云平台导出的实时记录的温湿度数据

五、项目改进

1. 系统结构改进

为了更好地完善系统性能,连接结构借鉴地漏结构特点,当机器人执行海洋或者河流等水面水下任务时,水进入一号槽时卡扣结构可以将水阻绝在二号槽位之外,但是实际情况下单一结构并不能将水完全阻绝在传感器之外,二号槽的作用就是储存一号槽位不能完全阻绝的水,两个槽位相互结合做到了最大阻绝作用。

图10　电路防水结构

2.电路制板改进

为了能够将电路融入至球形结构内部,后期将采用柔性电路板技术。柔性电子电路印刷技术将省略传统基于光刻和化学腐蚀的电路制程,同时加工过程安全环保,解决了传统生产过程造成的环境污染问题。技术加工的成品具有超过传统铜箔电路5倍以上的耐弯折性,可直接印制在各类非常规基材或3D结构材料的表面。因此可以进一步保证球体内部质量尽可能小,便于在水下任务的实施。

六、结语

本文基于Arduino技术平台提出的三栖球形机器人的设计方法,集观察、监测、数据采集、全天候全地形工作等技术指标于一体,为今后的火山地震等危险地带观测、科研数据收集提供了新的思路,这也大大节省了人力、物力和财力,避免人们去危险地带工作,保障了人们的生命安全,而且大大提升了工作效率。该技术现在还处于初步阶段,但随着今后科研技术的不断深入,相信会为此项技术注入源源不断的动力。希望最终的模型能够早日实现,为人们带来生活的便利。

参考文献

[1]战强,李伟.球形移动机器人的研究进展与发展趋势[J].机械工程学报,2019,55(9):1-17.

[2]水陆两栖球形机器人[J].机械工程师,2015,第3期.

[3]王志群,刘蕾,杨彬,董春.球形机器人的建模与控制研究[J].自动化仪表,2016,第6期.

[4](意)布鲁诺·西西里安诺(Bruno Siciliano),等著.机器人学建模、规划与控制[M].西安:西安交通大学出版社,2015.

作者简介

安昊,男,本科生,就读于北京信息科技大学信息与通信工程学院通信 1701 班。
黄逍,男,本科生,就读于北京信息科技大学信息与通信工程学院通信 1701 班。
丁傲,男,本科生,就读于北京信息科技大学信息与通信工程学院电信 1803 班。
甘鑫铎,男,本科生,就读于北京信息科技大学信息与通信工程学院通信 1803 班。
陈柏江,男,本科生,就读于北京信息科技大学信息与通信工程学院通信 1702 班。
杨茜媛,女,学士,实验员,就职于北京信息科技大学信息与通信工程学院。
王亚飞,男,博士,高级实验师,就职于北京信息科技大学信息与通信工程学院。

基于 Arduino 的智慧图书馆设计与实现

宋廷一　贾雨萌　王茹鑫　王子鹏　吴韶波

（北京信息科技大学信息与通信工程学院）

摘　要：结合当代大学生自习习惯及图书馆借阅管理的需求，采用基于 Arduino 的开发平台，实时监控图书馆内的噪声、温度、光线、气体等参数，从而自动调节相关设备，对教室环境中的声、温、光、气进行监控、调节与报警；利用物联网识别技术，如 RFID、人脸识别等，应用于门禁和书籍管理，实时显示图书馆当前人数，自习室空余座位等信息，方便学生选择自习教室，防止书籍丢失。利用语音播报提醒休息时间，或者在声音过大时进行提醒，从而保证图书馆良好的阅读环境。在图书馆智能精细化管理的同时，为学生提供更适宜的学习环境，有一定实际应用价值。

关键词：物联网；智慧图书馆；传感器；射频识别技术。

Design and Implementation of Smart Library Based on Arduino

Song Tingyi　Jia Yvmeng　Wang Ruxin　Wang Zipeng　Wu Shaobo

Abstract: According to the needs of the study habits of contemporary college students and the management of library borrowing, this paper aims to use the development platform based on Arduino to monitor the parameters of noise, temperature, light and gas in the library in real time, so as to automatically adjust the relevant equipment, monitor, adjust and alarm the sound, temperature, light and gas in the classroom environment. Use a voice broadcast to alert the rest time, or when the sound is too loud to remind, so as to ensure a good environment for library reading. At the same time, it is of practical value to provide students with a more suitable learning environment.

Keywords: Internet of things; Intelligent Library; Sensors; RFID technology.

一、引言

面对日益发展的社会形势，传统图书馆的管理存在着一系列的问题，图书馆的建筑面积在日益扩大，基础设施的负荷也在日益加重，服务体系的信息量和运载负荷也越来越大，高效、便捷、灵敏以及整合的图书馆是数字化和智能化发展对图书馆提出的新要求。

智能图书馆是指把智能技术运用到图书馆建设中而形成的一种智能化建筑，是智能建筑与高度自动化管理的数字图书馆的有机结合和创新，是运用智能技术完成图书馆的各项管理工作，尤其是在第一时间的应急管理中起到不可替代的作用。

基于物联网技术的智能图书馆的设计与研究，可以实现对图书馆声、光、电等设备的远程控制和管理,实现了图书馆环境的监控,提高了图书馆服务质量和水平,促进了图书馆智能化的建设和发展。

二、系统设计

本项目为基于 Arduino 的智慧图书馆设计与实现,从大学生的日常学习习惯出发,并结合图书馆的特点,利用了多种物联网技术,打造智慧图书馆。该智慧图书馆的系统设计如图 1 所示,主要包括如下功能。

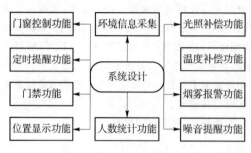

图 1　智慧图书馆系统设计图

(1)利用物联网的识别技术,实时监测教室内的人数及位置,利用显示屏显示人数及彩灯阵位置。

(2)利用物联网的传感技术,采用光照传感器获取光照数据,控制灯光调节系统进行灯光补偿。

(3)灯光的调节采用分区化和多阈值渐变式调节。将教室分区进行智能管理,利用获取的学生位置信息,当学生所在区域需要进行灯光补偿时,该区域的灯会亮,其他地方的灯不会亮,达到精细化控制,节约能源。多阈值渐变式调节,多阈值即根据不同的光照强度补偿不同强度的光照,渐变式即灯光强度缓慢增加,注重细节,给学生提供舒适自然的学习环境。

(4)利用物联网的传感技术,采用温度传感器获取室温数据,控制温度调节系统进行温度补偿。

(5)利用物联网的传感技术,采用广谱气体传感器获取二氧化碳数据,门窗控制系统根据数值决定是否开窗通气。

(6)利用声音传感器监测教室内的音量,当有学生声音过大时,进行语音播报提醒。

(7)利用时钟模块进行定时提醒功能,到达闭馆时间提醒学生离开图书馆,尽早休息。

(8)采用烟雾预警系统,利用烟雾传感器进行检测,利用蜂鸣器作为警报,防患于未然。

(9)LCD 屏显示时间、温度、人数等信息。

(10)利用 RFID 模块制作门禁系统。

(11)除警报功能,其他的所有功能均在有人的情况下才会实现。

三、硬件实现

根据系统设计的功能要求,智慧图书馆主要的硬件有:单片机、声音传感器、光照传感器、温度传感器、烟雾传感器、蓝牙、音乐播放模块、时钟模块、LCD屏、全彩点阵屏、RFID模块、蜂鸣器、减速电动机、OLED灯阵、扬声器等。硬件的连接图如图2所示。

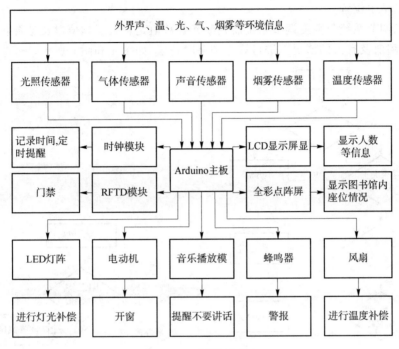

图2　硬件设计图

四、软件实现

该智慧图书馆的软件部分包括数据采集、数据可视化、数据分析、智能决策,如图3所示。数据采集是利用传感器采集环境信息,如声、光、温等;数据可视化是对采集到的信息用全彩灯阵以及LCD屏展现给学生,如温度、时间、人数、座位分布等;数据分析是对数据与设定的阈值进行比较;智能决策是根据数据分析的结果来下达指令,决定要执行的功能。

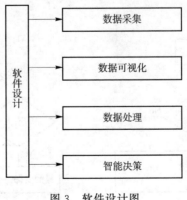

图3　软件设计图

具体的功能要求如下。

（1）图书馆内学生位置的确定通过座位上的红外测距传感器确定，与全彩点阵屏相对应，进而确定学生位置。

（2）灯光调节系统与温度调节系统需判断光强数值是否大于阈值以及是否有人，在光强和温度超过阈值及有人的情况下进行灯光和温度补偿，如图4和图5所示。

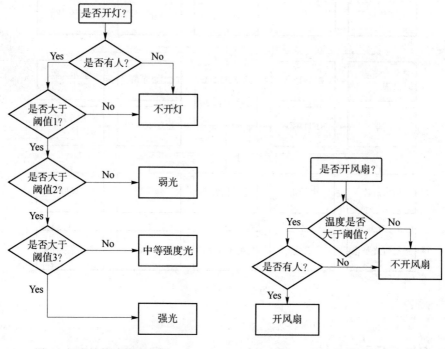

图4　灯光补偿功能流程图　　　　图5　温度补偿流功能程图

（3）定点报时功能根据时钟模块的时间，在用餐时间和闭馆时间时播放音乐模块内存储的语音进行提醒，如图6所示。

（4）噪声控制系统通过声音传感器监测到的声音数值，若超过阈值，则播放音乐模块内的语音提醒要保持安静，如图7所示。

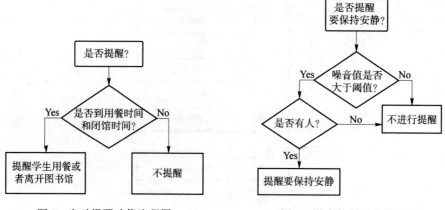

图6　定时提醒功能流程图　　　　图7　噪声控制系统流程图

（5）烟雾报警系统通过烟雾传感器获取的数值与阈值比较,若大于阈值则蜂鸣器发出警报声,提醒同学们撤离,如图8所示。

（6）门窗控制系统是根据广谱气体传感器获取的二氧化碳浓度与阈值比较,若大于阈值,则电动机控制窗户打开,通风换气,保障图书馆内的空气清新,如图9所示。

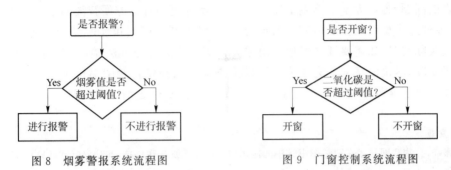

图8　烟雾警报系统流程图　　　　图9　门窗控制系统流程图

五、功能测试

经过硬件搭建与软件调试,可以达到预定功能。传感器能准确地检测相应的环境参数,灯光调节系统、温度调节系统、门窗控制系统等能根据环境数值实现相应的灯光补偿、温度补偿、开窗换气功能,定时提醒系统可以在用餐时间和闭馆时间进行提醒,全彩点阵屏可以显示学生位置,LCD屏可以显示时间、温度、人数等信息,如图10所示。整个智慧图书馆系统协调工作,系统稳定,实现了既定功能。

图10　LCD屏显示功能

六、结论

运用物联网技术,通过传感器获得环境数据,再通过程序给予环境补偿,解决了图书馆智能管理的问题,为广大学生提供了便利,给予了学生更加舒适方便智能的学习环境。现阶段,虽然该理想模型可以很好地实现预定功能,但考虑到与图书馆实际结合的情况,可能会存在一些实际情况,如需要开窗但遇到雨雪天气等。要进行充分的调研,全面考虑,使该模型应用于实际,尽快使模型变为现实。该模型未来可以开发智慧图书馆 App 或者小程序,让学生在手机上就可以查询到座位余量及分布,为学生提供更加方便的服务。

参考文献

[1]郭晓柯.物联网技术在智慧图书馆中的应用研究[J].无线互联科技,2019,16(22):114-115
[2]吴闯,孙波,王春蕾,李婧.国外智慧图书馆现状研究与启示[J].新世纪图书馆,2019(11):90-95.
[3]李梅玲.基于物联网的智慧图书馆构建路径探索[J].工程技术研究,2019,4(21):203-205.
[4]王灿荣,刘喜球.多技术融合下的智慧图书馆设计与实现研究[J].大学图书情报学刊,2020,38(01):110-112.
[5]李秋平,倪代川.近五年国内智慧图书馆研究综述[J].高校图书馆工作,2020,40(01):33-37.
[6]严栋.基于物联网的智慧图书馆[J].图书馆学刊,2010,32(07):8-10.
[7]张芳,陈先化,胡冬梅.浅析智慧图书馆建设[J].兰台内外,2019(32):66-67.
[8]黄俊.物联网技术在图书馆服务中的实践与应用探讨[J].科技广场,2019(04):67-72.

作者简介

宋廷一,男,本科生,就读于北京信息科技大学信息与通信工程学院物联1801班。
贾雨萌,女,本科生,就读于北京信息科技大学信息与通信工程学院物联1901班。
王茹鑫,女,本科生,就读于北京信息科技大学信息与通信工程学院物联1901班。
王子鹏,男,本科生,就读于北京信息科技大学信息与通信工程学院物联1801班。
吴韶波,女,硕士,副教授,就职于北京信息科技大学信息与通信工程学院。

对智能仓库中货物分拣和出入库的模型优化

肖文芳　张育婧　赵思渺　王祎　张雨晴

(北京信息科技大学信息与通信工程学院,北京,100101)

摘　要:传统的仓库在货架分配和出库入库中耗费了大量的劳动力,缺乏自动识别经验。针对多品种货物货位分配和出入库问题,在多规则约束下建立了智能仓库货位分配模型,便于货物分拣机器人更高效地进行货物分拣和出入库。采用物联网技术代替传统中的人工劳动,结合 RFID、智能识别等技术,实现了对于传统仓库的出入库和货架分配的智能优化,使其减少劳动力,增加工作效率。

关键词:智能仓库;出入库;货架分配;RFID 技术。

Model optimization of goods sorting and warehousing in intelligent warehouse

Xiao Wenfang　Zhang Yujing　Zhao Simiao　Wang Yi
Zhang Yuqing

Abstract: The traditional warehouse consumes a lot of labor in shelf distribution and storage, and lacks the experience of automatic identification. In view of the problem of location allocation and in and out of warehouse of multiple kinds of goods, an intelligent warehouse location allocation model is established under the constraints of multiple rules, which is convenient for the cargo sorting robot to carry out cargo sorting and in and out of warehouse more efficiently. Using the Internet of things technology instead of the traditional artificial labor, combined with RFID, intelligent identification and other technologies, the intelligent optimization of the warehouse in and out and shelf distribution is realized, which can reduce the labor force and increase the work efficiency.

Key words: Intelligent warehousing; Outgoing and warehousing; Shelf allocation; RFID Technology.

一、引言

在传统的仓库分拣中,使用了大量的人工劳动力,分拣、运输的工作大部分通过人工来完成,浪费了很多的时间,导致传统仓库分拣的效率低下。大多数企业重视质量和销售,却忽视了在物流上节约成本、创造价值。

针对传统的仓库出库入库、货位分配效率低,灵活性差的问题。构建了仓库货位分配和智能出入库模型,货物分配模型可以设置商品摆放的模式,改善了传统中商品摆放不合理的问题。便于货物分拣机器人更高效地进行出入库和货物分拣,同时通过 RFID 技术识别货物条码,节省人工劳动力,实现资源利用的最大化。实现了对传统仓库的改善和优化,在某种程度上提高了传统仓库的效率。

二、基本模型建立

仓库运转效率的优化是每个企业追求的目标,合理货位规划和分配能够有效提高物品入库效率并减少物品存取时间。智能仓库货位规划与管理不仅要提高货物出入库操作效率。也需要考虑货位利用率。

1.食品物流的特点

食品物流相对于其他物流需要考虑的方面更加多样化,也有着自己的特点。

(1)食品商业企业实行"分拣到包、配送到户"的配送模式,零售客户数量多、订单需求量小、货品品种分散、配送紧急频繁。在销售形式方面,食品生产企业以整件发货为主,食品流通企业则以包发货为主。

(2)食品成品的外形多样性包装和一定的批量需求,形成了自动化处理的需求。

(3)食品行业极其特殊,食品安全也是尤为的重要,需要考虑生产日期、食品包装、食品的保存温度,同时受到社会的广泛关注,食品行业发展的外部环境将受到更加严格的限制。

2.食品企业仓储现状分析

食品行业的物流中心,拥有不同水平的分拣设备,其中大多数是电子标签辅助分拣线,极少数公司采用了自动化程度高、配置先进的分拣设备,但是还有很大一部分商业企业还采用手工分拣,设施陈旧。

仓储作业现状大体可分为以下三类。

第一类是全自动化作业。以工业企业和一部分较大商业企业为主。

第二类是半自动化作业。仓储以货架为主,配置部分叉车等装卸搬运机械,电子标签辅助拣选,部分配备了塔式或立式分拣机,这类方式占有相当大的比例。

第三类是人工作业。以平面仓储为主,辅以叉车等工具,储区按 ABC 法分类,人工进行选取,根据食品企业的特点,此类发展趋势是向半自动化作业转变。

面对现代食品销售数量庞大的出入库作业、高密度的出入库频率,人工出入库或叉车出入库已显得"力不从心",本文针对其出入库流程进行方案设计。

3.流程设计

图 1 为传统仓库入库到货。图 2 为智能仓库入库到货。首先,货物分拣机器人通过 RFID 技术将包装、数量、品类与清单进行核对。若清单与实物核对相符,则货物分拣机器人将货物分类入库,并且通知财务进行入账。若不符合验收标准,则不入库。

图 3 为传统仓库出库发货。图 4 为智能仓库出库发货。首先,货物分拣机器人通过 RFID 技术将包装、数量、品类、食品日期与清单进行核对。若清单与实物核对相符,则货物分拣机器人将货物分类、循线,将货物运输到指定位置,并且通知财务进行出账。若不符合验收标准,则不出库。

实现的是半自动化作业,相对于人工作业有图中所示的两大优化。

第一,针对出入库时数量是否相符,品类是否相符可以使用 RFID 技术进行统计登记录入,并且上传数据库。大量节省人力物力。

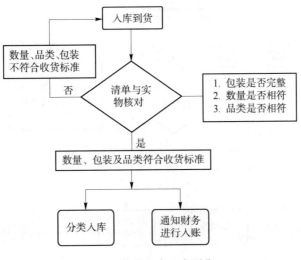

图 1　传统仓库入库到货

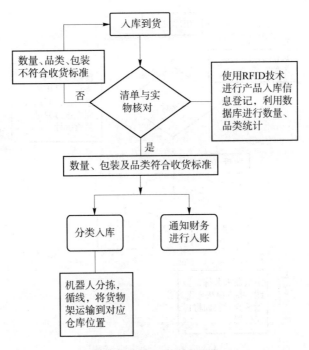

图 2　智能仓库入库到货

第二,分类出库时,通过标记不同货架区域的颜色,智能货物分拣机器人可以进行颜色识别。将货物运输到对应颜色货架。路线通过灰度传感器循线仓库地面规定的线路,红外传感器可以实现线路上的智能规避、躲避障碍物、避免碰撞。

货位分配规则直接决定了货位规划和分配的有效性。为此,出了以下一种综合考虑多规则的货位分配模型。

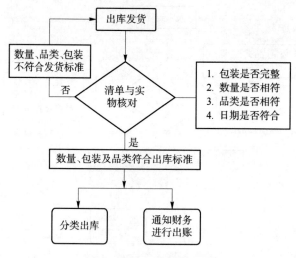

图 3 传统仓库出库发货

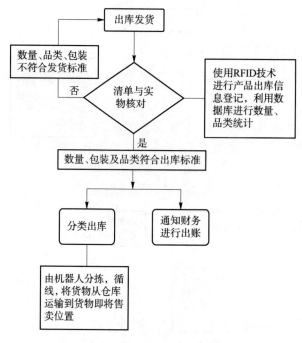

图 4 智能仓库出库发货

4. 多规则约束下建立智能仓库货位分配模型

本文建立的货位分配规则主要包括以下三个方面。

(1) 不同种类物品分区存放

多品种小批量仓库存放的物品种类多,考虑存取效率以及物品的存取安全性,很多物品需要分开存放,如饮料、油炸膨化食品和饼干等。因此,需要对不同大类的物品进行分区存放,以便存取。

(2)出入库频率高的物品靠近出入口存放

对于仓库中出入库频率高(即在仓库中存放时间不长,例如加工类肉食)的物品,为了减少运输时间、运输成本,提高出入库效率,应将该类物品靠近出入口存放。

(3)"先进先出"原则

"先进先出"要求先入库的物品有先出库的优先权,以避免同种类物品因长期存储而变形、变质或过期等,最终影响到物品的品质。

为便于研究,对仓库区域货架分配模型进行如下条件假设。

①仓库中每个区域货架都并排放置,每个区域货架之间有一巷道,如图 5 所示。

②货架由相同的货位层列组成,货架上的货位尺寸、货位数、货位编号方式相同;货位高 h,长 l。

③一个货位只存放一个货拍,一个货拍一次只存放一种物品,一共有 6 种颜色,智能小车通过颜色识别每次只搬运一个,循线到对应货架;相对于物品质量,货拍质量忽略不计。

④假定每个货架通道一次仅供一辆智能小车作业,巷道宽为 w。

⑤智能小车在搬运物品时,水平方向的速度为 v_x,垂直方向的速度为 v_y。

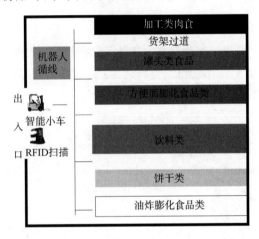

图 5　模拟智能仓库布局模型

1)"不同种类物品分区存放"建模

在制造物联环境下,食品仓库内货物种类较多,为提高物品的存取效率,将不同种类物品分开存放。比如在食品仓库,饮料、油炸膨化食品和饼干等将分区域分类存放。本文着重讲商品简单分为以上六类区域货架,仓库分区存放如图 5 所示。

各区域货架数量可根据实际使用情况进行调整,可将原本属于不同区域的某些货架新增至另一个区域中,初始条件下各区域货架数量均匀分布。

当物品需要入库时,使用 RFID 技术进行入库登记,根据物品标签的物品种类以及其图中所示货架颜色分类,智能小车识别并运输到对应存放区域进行存放。

2)"出入库频率高的物品靠近出入口存放"建模

出入库频率高就意味着要求出入库过程中智能小车分拣运输搬运的效率高,而智能小车搬运物品的效率直接与智能小车搬运物品过程中行驶的距离有关。小车行驶距离越短,用时越少,效率越高;距离越长,用时越长,效率相对越低。

智能小车搬运物品的行驶距离又与物品的存放位置有关。为了提高出入库工作效率,应为出入库频率高的物品分配靠近出入口的货位。越是靠近出入口,智能小车在搬运时行驶的距离就越短,行驶时所耗时间越少,入库的效率也就得到了提高。

如图 5 所示,假设仓库中出、入口为同一地点,每次叉车搬运入库物品的起点和搬运出库物品的终点也在同一地点。

本文以某一存储分区为例进行建模,那么智能小车从出入库口到入库货架区域的距离则由出入库点到货架原点的距离和货架原点到货位的距离组成,如图 6 所示假设智能小车从出入库口到某存储分区内货架的距离为常量 o,货架原点到货位的距离在任何一排货架的计算都相同,于是智能小车从出入库点到入库货位的距离便可只考虑从出入库口到某存储分区内某一排货架入库货位的距离。

物品的出入库频率表示某物品出入仓库的存取频率。仓库中某物品的存取频率可按照某固定时间内,某物品的出入库数量与该物品在仓库中库存总量的比值来计算。在此假设物品的出入库频率从后端数据库中该类物品的出库数据中得到。由此,可得到数学模型为

$$\min u_2 = \sum_{x=1}^{m} \sum_{c=1}^{n} M_{zxc} \times t_{zxc} \tag{1}$$

式中,M_{zxc} 为存放在第 z 排货架第 x 层第 c 列货位的该类物品的出入库频率;t_{zxc} 为叉车从出入库点到第 z 排货架第 x 层第 c 列货位所用时间;u_2 为某物品的出入库频率与叉车搬运该物品所用的时间的乘积之和。

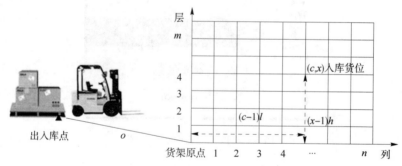

图 6 智能小车搬运距离

$$t_{zxc} = \frac{o + (c-1)l}{v_x} + \frac{(x-1)h}{v_y}$$

$$\min u_2 = \sum_{x=1}^{m} \sum_{c=1}^{n} M_{zxc} \times \frac{o + (c-1)l}{v_x} + \frac{(x-1)h}{v_y}$$

$$1 \leqslant c \leqslant n \quad 1 \leqslant x \leqslant m \tag{2}$$

3)"先进先出"建模

对于同种物品,要求先入库的物品应比后入库的货物通道出入口近,以方便出库。

假设放置同种类物品的托盘 t_{m_A}、t_{m_B},其中 t_{m_A} 为近期最新入库的物品,t_{m_B} 为待入库的物品。根据以上分析,应有对 t_{m_B} 分配的货位不能比 t_{m_A} 的货位离巷道口近,换言之,叉车从出入库点到取走 t_{m_B} 的时间 t_B 不能小于从出入库点到取走 t_{m_A} 的时间 t_A,即 $t_B \geqslant t_A$。设 t_{m_A} 货位坐标为 (z_1, x_1, c_1),t_{m_B} 货位坐标为 (z_2, x_2, c_2),由此,建模为

$$\frac{o+(c_2-1)l}{v_x}+\frac{(x_2-1)h}{v_y} \geqslant \frac{o+(c_1-1)l}{v_x}+\frac{(x_1-1)h}{v_y} \qquad (3)$$

$$\frac{(c_2-c_1)l}{v_x}+\frac{(x_2-x_1)h}{v_y} \geqslant 0 \qquad (4)$$

三、案例分析

针对上述建模,进行了如下的实例分析。传统仓库(以广州 WMS 系统应用仓库为例分析)。

(1)时间成本与管理模式

在传统管理模式中,一位新手需要了解仓库中库区的划分,知道每一个库区大体存放的货物种类与归属,同时还要对库位有一定的明确了解,起码需要花费 2 个月以上的时间,且不考虑人员流动问题。

根据调查的某物流公司分拣部的一个大型仓库,其中包括两条作业线,约 38 个人,1 个分拣部长、2 个分拣班长、32 名实际操作人员。在这些人员之中还需要分配人员去押运和发货,使包括运送和维护的实际在线分拣人员仅为 24 名,平均每个作业线上在岗 12 人。

风险:分拣速度受员工请假、临时抽调等情况的影响。

(2)效率:入库分拣

传统仓库(以根据山东渝州公司仓储部人员分工明细表为例),如表 1 所示。

表 1 一个中型传统仓库通常由 20 人管理运行

序号	职务	备注
1	仓储经理	
2	主管	单据审核,拣货
3	主管	审核打包,发运
4	主管	收货上架,仓位整理
5	内勤	到货时限,质量反馈
6	库管员	
7	库管员	
8	库管员	收货组
9	库管员	
10	库管员	
11	库管员	
12	库管员	
13	库管员	拣货组
14	库管员	
15	库管员	

序号	职务	备注
16	库管员	
17	库管员	
18	库管员	打包审核组
19	库管员	
20	库管员	

经过调查统计分析得,一般每个库管员的工作模式是每月上三歇二,每天的有效工作率在百分之80%,那么传统仓库每月每个人的工作效率为48%。

传统仓库与应用了RFID技术的物联网仓库针对货物分拣的对比。

(1)时间成本与管理模式

优势:智能仓库不需要花费培训新人的时间成本,培训新人的两个月可以减免,提高了工作效率,系统一次性投入,长期减少人力成本,在相对少的人力成本的情况下满足业务扩大的需求,这样就提升了公司整理的运营效率。当物品完成入库后,通过RFID技术可以对库存情况进行控制,实时掌握物品信息,动态检测可有效使库存成本降低。

结论:使用智能仓库能够调配更多的劳动力,使劳动力得到更好地利用,更适合企业的发展。

(2)效率:入库分拣

智能仓库,如表2所示。

表2 智能仓库

序号	职务	备注
1	仓储经理	
2	主管	单据审核
3	主管	审核打包
4	主管	仓库货位整理
5	内勤	到货时限,质量反馈

智能分拣系统每天工作8小时,主管工作量减少,劳动力可以分配到其他工作上去。

对于工作效率来说,智能仓库在正常运行的情况下可以不间断工作,工作效率几乎是100%;通常一个月中需每周检修一次,每次停止分拣一天,按一个月4周来算,工作效率为87%。

结论:相同工作时间下,智能仓库入库效率是传统仓库入库效率的46倍。

四、总结和展望

建立了一个能够进行货物分配和出库入库的模型,加入了识别技术、射频技术等来支持,通过数据的分析和与传统仓库的管理模式对比,得出这个模型的实现减少了工作时间,增加了工作效率。在应用中的效果是不错的。但还存在着一些不足,随着智能技术的应用,物流中的各个环节的调解是更有难度的,网络技术还不成熟,提供的服务比较单一,不能够应用在大众生活中。还需进一步改进模型的建立方式和管理模式。目前我国出现了很多物流公司,但普遍规模不大,主要原因在于其"专业化、网络化、信息化"程度普遍偏低。但在以后的发展中智能化是一个必要的发展方向。

参考文献

[1] 彭小利,郑林江,蒲国林,王海涛.制造物联环境下智能仓库货位分配模型[J].计算机应用研究,2018,35(1):25-27.

[2] 王金旺,蒋明青,戴顺南.基于RFID技术的烟草商业企业出入库流程方案设计[J].物流管理,2008(5):97-100.

[3] 杨玮,傅卫平,王雯,等.基于多色集合和粒子群算法的立体仓库货位分配优化[J].机械科学与技术,2012,31(4):648-655.

[4] 蔡安江,邢丽娟,张华.工业生产型立体仓库货位分配及优化[J].机械设计与制造,2015,34(10):264-267.

[5] 苏宁,叶楠,张文四,等物联网技术在后方仓库管理中的应用[J]中国市场,2011(49):22-23.

作者简介

肖文芳,女,本科生,就读于北京信息科技大学信息与通信工程学院物联网1801班。
张育婧,女,本科生,就读于北京信息科技大学信息与通信工程学院物联网1801班。
赵思渺,女,本科生,就读于北京信息科技大学信息与通信工程学院物联网1801班。
王祎,女,本科生,就读于北京信息科技大学信息与通信工程学院物联网1801班。
张雨晴,女,本科生,就读于北京信息科技大学信息与通信工程学院物联网1801班。

基于微信小程序的厕所信息管理系统设计[①]

焦彦博　郑镛　张九川

(北京信息科技大学信息与通信工程学院,北京,100101)

摘　要:随着"厕所革命"的兴起,人们对于公共厕所的服务有了更多的需求。为解决如厕难、管理难等问题,本项目基于微信小程序和物联网技术设计了厕所信息管理系统,为管理员和厕所用户提供了一个交互平台,方便清洁管理的同时也让用户能实时查询到厕所的使用情况。

关键词:物联网;微信小程序;树莓派;系统设计。

The Design of toilet information management system based on WeChat Mini Program

Jiao Yanbo　Zheng Yong　Zhang Jiuchuan

Abstract: With the rise of Toilet Revolution, people have more demand for the service of public toilets. In order to solve the problems of toileting difficulty and management difficulty, this project designs a toilet information management system based on WeChat mini program and Internet of things technology, which provides an interactive platform for administrators and toilet users. It is convenient for cleaning management and allows users to inquire the use of toilets in real-time.

Key words: Internet of Things; WeChat MiNi Program; Raspberry Pi; System Design.

一、引言

　　当人们出门在外时,公共厕所就是人们日常生活中必不可少的功能性区域。伴随着中国社会的不断发展,也伴随着"厕所革命"这一行动的倡导,人们发觉日常生活中的厕所还存在许多不足之处。2010年,李婧婕[1]通过查阅资料,基于国内外城市公厕现状的对比调研、访谈、问卷等形式,经归纳总结并研究后,得到了关于中国公厕的若干问题并提出了相应的建议及解决方案。这些问题的出现从正面说明了公共厕所的服务还具有巨大的可提升空间。2018年,郑智沧,张瑞雪[2]基于微信小程序,设计了用于车位查询及车辆监控的系统,他们的研究,为本项目通过微信小程序解决公厕问题的实际有效性提供了参考。系统设计中,我们致力于通过物联网技术对局部厕所使用情况的各项数据进行采集,同时基于微信小

[①] 项目来源类别:由北京信息科技大学2019年促进高校内涵发展-大学生科研训练项目(5101924100)支持

程序提供用户-管理员交互反馈体系,继而通过数据对厕所的使用情况进行分析,以解决上述的诸多问题。

在系统设计的应用场景上,我们着眼于公园、景区、大型活动举办地等人流量较大且对厕所需求量有一定要求的场所。这些场所往往通过设立大量移动厕所来满足人们的需求,但是由于种种原因,厕所的位置与数量安排有时不够合理,一些区域的厕所往往鲜有问津,而另一些区域的厕所则人满为患,这使得我们的项目有了其立足之地。通过对于厕所各项数据的采集,不同的角色可以获取不同的信息:管理员可以获得各个厕所的使用情况,继而对厕所的位置布局和具体数量进行安排,找出最适宜的厕所部署安排;用户可以对厕所的使用情况进行实时查询,为其使用厕所提供了指导。

二、系统设计方案与拟解决的问题

1. 系统主体框架

系统主体结构框架如图 1 所示,共分为三个部分:蓝色区域是数据采集端,通过安放在厕所隔间中的传感器采集实时数据并上传至服务器,同时刷新各个隔间的使用状态,以供用户选择;橙色区域是服务器端,对采集的数据进行整合与处理,同时提供与微信小程序的交互;绿色代表用户-管理员端,通过微信小程序对厕所使用状态进行展示,用户可预先查询厕所的使用情况,并在使用后对厕所进行评分反馈,基于小程序提供的厕所状态实时信息与用户反馈情况,管理员可以及时做出调整,进行保洁工作或维修故障等。

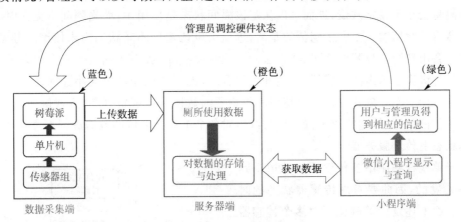

图 1 系统主体框架

2. 拟解决的问题

(1)通过微处理器操控传感器实现对厕所各项数据的采集;

(2)微处理器与服务器之间的数据传输;

(3)开发微信小程序并实现与服务器数据的交互;

(4)解决小区域内厕所信息采集问题。

三、系统设计方案

1. 数据采集部分

本项目选用功能强大的树莓派 Raspberry Pi 3B+作为微处理器,并用 Arduino Nano 作为传感器数据采集端。具体实现情况如图 2 所示,我们搭建了由传感器组、单片机及微处理器组成的数据采集系统,该系统的目的是采集并汇总厕所各隔间的使用状态,并将数据上传至服务器。具体工作情况如下:传感器组与单片机进行连接,单片机负责调用传感器组进行数据采集,随后单片机将采集到的数据以布尔值的形式传输给树莓派微处理器,由微处理器对各单片机的数据情况进行汇总与处理,上传至服务器。

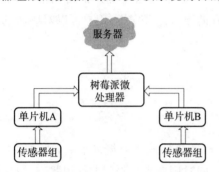

图 2 数据采集系统(箭头代表数据传输方向)

传感器组与单片机的搭建情况如图 3 所示,我们采用超声波传感器对各隔间的使用状态进行判断,将厕所当前的状态分为三类:第一类是使用中;第二类是未使用;第三类是暂停使用。这三类情况用一组三色 LED 灯在隔间外侧显示,便于用户直观地了解厕所状态。我们设想了一种简单的状态筛选方法,即:使用超声波对目标进行测距,当某人进入隔间时,其与传感器的距离将会小于设定阈值,进而可以认定该隔间状态是使用中;而当隔间中无人时,超声波传感器将持续反馈一个大于阈值的距离,进而可以认定该隔间状态为未使用。考虑到实际应用中会出现厕所故障的情况,如无法冲水或厕所损坏,我们还加入了一个管理员开关,其状态优先级高于超声波传感器,即当开关闭合时,无论传感器数值大小如何,均认定此状态为暂停使用状态。单片机通过对超声波传感器的数据进行逻辑判断,生成厕所当前状态的实时布尔值数据,传递给树莓派。树莓派再对各个单片机上传的数据进行汇总处理,将各隔间的状态上传至服务器。

由于单线程程序中各传感器组的逻辑判断不是并发的,因此要考虑传感器状态的时序问题。而上述设计则避免了对多个传感器组进行时序逻辑设计,降低了设计难度。其代价是提高了设计成本。

2. 数据处理部分

项目选用腾讯云服务器和 MySQL 数据库作为数据处理部分。传感器完成数据采集后,利用 Python 编写代码,由微处理器执行将数据插入数据库中的工作。关于服务器的搭建我们设有两种方案,一种是在本地搭建

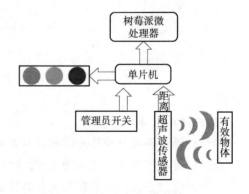

图 3 传感器组与单片机的搭建情况

局域网服务器,另一种则是配置云服务器。经过调查和实验,我们发现搭建本地服务器的成本较高,并且本地服务器只能在局域网内访问,无法满足微信小程序的开发需求。因此,我们选择配置云服务器的方案来完成数据存储。

为完成微信小程序的基本配置,本项目还申请了一个公网域名,通过域名解析服务器数据来实现前端的数据调用。鉴于小程序无法直接调用服务器数据库的情况,我们在云服务器上部署了 Web 服务器 Apache,通过编写 php 程序来实现对数据库的读写交互。完成服务器的部署工作后,便可将前端微信小程序与后端的数据采集端连接起来,构成一个数据传输系统,并由服务器做数据处理的工作。

3. 数据可视化部分

数据可视化的部分是本项目的核心。为实现厕所数据的可视化,我们提出了两种方案,一种是开发 Android App,构建 C/S 架构来实现系统功能;另一种则是开发微信小程序来构建系统。基于微信庞大的用户量以及使用的方便程度,我们选择了第二种方案,便于实现后续的项目推广。小程序可实现实时查询厕所使用情况,查询厕所位置信息,及时反馈厕所卫生情况等功能。通过调用服务器上部署的 php 程序,可以及时查询数据库中记录的厕所使用情况。将这些数据转为可供小程序解析的 json 格式,便可在前端页面实现数据的可视化。用户可以在小程序页面上浏览到附近厕所的使用信息,方便及时做出调整。

本项目还在小程序页面中调用了腾讯地图 API,方便用户及时查看地图,确定自身位置以及附近的厕所位置。此外,小程序中还调用了客服消息 API,方便用户直接与后台的管理员交流反馈。小程序还提供了评分反馈的功能,用户可根据如厕体验以及厕所内的卫生情况进行评分,评分结果将会提交给后端服务器,供管理员查看,针对性地对厕所进行清洁工作。项目通过小程序构建了一个交互平台,实现厕所信息管理系统的设计。

图 4 依次展示了小程序首页、各厕所的实时状态查询情况以及小程序的厕所位置查询功能。

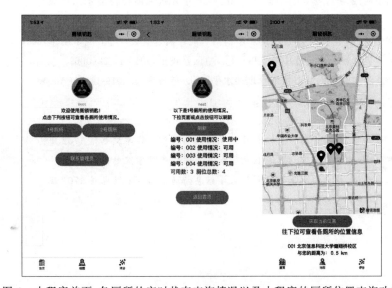

图 4 小程序首页、各厕所的实时状态查询情况以及小程序的厕所位置查询功能

四、总结和展望

现阶段的成品已经能够实现在微信小程序上实时读取厕所状态信息,位置信息,同时可以联系客服人员反馈问题。本项目具有以下创新之处:

(1)使用微处理器对各项传感器的数据进行自动采集,减轻了对人的依赖性;

(2)基于微信小程序平台,便于用户的使用与项目的推广;

(3)通过传感器和网络对数据进行存储与处理,体现大数据时代的背景以及物联网广泛普及;

(4)系统本身的稳定性与可靠性较高,模块化设计易于维护;

(5)顺应厕所革命,解决大众的如厕问题。

但是项目本身仍存在两大缺点:分别是项目成本过高和微信小程序设计较为单一。对于成本过高的问题,我们认为在今后的完善阶段可以使用或自行设计成本更加低廉的硬件,以增大项目的可推广性;对于微信小程序设计较为单一的问题,我们认为小程序的开发与完善是一个漫长的过程,我们还需继续学习小程序设计的相关知识,同时结合用户反馈,进一步提升用户使用体验,提升程序质量。

参考文献

[1]李婧婕.中国城市公厕相关问题研究[D].华中科技大学,2010.

[2]郑智沧,张瑞雪.微信端的车位查询及车辆监控系统[J].科技风,2018(11):10.

[3]董光光,欧家庆.基于物联网技术的智慧厕所系统设计[J].广西科学院学报,2017,33(01):71-74.

[4]芦晨博.基于物联网的智能车位管理系统设计[D].沈阳工业大学,2019.

[5]张毅.基于微信小程序的图书馆座位管理系统[J].新世纪图书馆,2019(08):62-65.

[6]赵龙跃,王明成,乔子昱,丰文建.基于msp430单片机厕所蹲位显示系统设计[J].数字技术与应用,2018,36(04):129-130.

[7]王凌,刘会衡.基于8051单片机的厕所清洁节能控制系统设计[J].电子制作,2019(07):49-51.

[8]梁骥.人本设计在公厕设计中的实践[N].中国建设报,2019-11-22(006).

[9]杨仲.公共卫生间折射城市精细管理的水平[N].苏州日报,2019-11-26(A06).

作者简介

焦彦博,男,本科生,就读于北京信息科技大学信息与通信工程学院电信1702班。

郑镛,男,本科生,就读于北京信息科技大学信息与通信工程学院电信1701班。

张九川,男,本科生,就读于北京信息科技大学信息与通信工程学院电信1701班。

实培计划—毕设（科研）项目

基于 NB-IoT 的导航通信一体化信号体制设计

董姗[1]　姚媛媛[1]　史雨薇[2]

([1]北京信息科技大学信息与通信工程学院,北京,100101)

([2]中国科学院光电研究院,北京,100094)

摘　要:随着科学技术的迅猛发展,导航系统与通信系统已走进人们的生活,并成为不可或缺的一部分。近年来,物联网技术也是如火如荼地发展着。在物联网的基础上实现导航和通信功能也逐渐成为热门话题。相比于传统的通信系统而言,物联网通信的最大优点在于上层应用比较简单,只需设计三层协议就可以满足应用上的需求。本课题是以 NB-IoT(窄带物联网)为基础,进行导航通信一体化的信号体制设计,根据设计要求选择了合适的调制方式和编码方式以提升信号性能、降低误码率,针对以 NB-IoT 为基础的通导融合系统的三层帧结构进行设计,最后对部分设计结果在 MATLAB 平台上的进行仿真。本课题是以窄带物联网为基础,从信号层面的通信与导航一体化深度融合技术出发,解决了某些信号可用性不高的地区无法为用户提供通信与导航服务的问题。

关键词:NB-IoT;通导融合;信号体制。

Integrated navigation signal system based on NB-IoT

Dong Shan[1]　Yao Yuanyuan[1]　Shi Yuwei[2]

([1]School of Information and Communication Engineering, Beijing Information Science and Technology University, Beijing, 100101)

([2]China Academy of Sciences Institute of Optoelectronics, Beijing, 100094)

Abstract:With the rapid development of science and technology, navigation systems and communication systems have entered human life and become an indispensable part. In recent years, the Internet of Things technology is also in full swing. The realization of navigation and communication functions based on the Internet of Things has gradually become a hot topic. Compared with the traditional communication system, the biggest advantage of IoT communication is that the upper layer application is relatively simple, and only needs to design a three-layer protocol to meet the application requirements. This topic is based on NB-IoT (narrowband Internet of Things), the signal system design of integrated navigation and communication, according to the design requirements, the appropriate modulation and coding methods are selected to improve signal performance and reduce the bit error rate. NB-IoT is based on the three-layer frame structure of the general guide fusion system, and finally some of the design results into the line simulation on the MATLAB platform. Based on the narrow-band Internet of Things, this topic starts from the deep integration technology of communication and navigation integration at the signal level, and solves the problem that some areas with low signal availability cannot provide communication and navigation services for users.

Key words：NB-IoT；communication fusion；signal system.

一、引言

随着科学技术的迅猛发展,导航系统与通信系统已走进人们的生活,并成为不可或缺的一部分。但在信号可用性不高的某些地区还无法提供通信与导航服务。在本课题中,窄带物联网信号与导航增强信号的融合设计是从信号层面的通导一体深度融合技术出发,来同时实现基于低轨卫星星座的物联网互联与导航增强功能,在为地面的用户终端提供物联网数据服务的同时,提供具有更好性能的导航定位服务。

二、信号体制设计

1. 调制方式

（1）调制方式的选择

传统的 QPSK 调制方式的频谱效率相对比较高,而且实现起来的过程是相对简单的,但存在过零点的问题。由于 QPSK 调制功放的输出是呈曲线的,当过饱和点以及零点的时候,输出会产生畸变。只有使用功放曲线之中较为线性的那一部分,才能得到完整的信号,但是这会在一定程度上降低功放的效率。所以本课题采用的是 OQPSK 调制,可以通过平滑切换的方式,让星座在切换之时避免信号能量穿过零点,从而达到了避开功放的非线性区域的效果,不仅仅提高了功放的效率,还节约了载荷的功耗。

（2）OQPSK 调制的原理

QOPSK 信号的产生原理如图 1 所示。

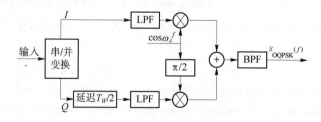

图 1 QOPSK 信号的产生原理

使用 OQPSK 调制时,每两个比特的数据映射到一个符号上。其中,第一个比特的数据如果是 0,则映射到实数的正半轴上;如果是 1,则映射到实数的负半轴上。第二个比特的数据如果是 0,则映射到虚数的正半轴上;如果是 1,则映射到虚数的负半轴上。映射后数据的复数符号如表 1 所示。

表 1　映射后数据的复数符号

连续二进制比特	复数符号
00	$\frac{\sqrt{2}}{2}(1+j)$
10	$\frac{\sqrt{2}}{2}(-1+j)$
11	$\frac{\sqrt{2}}{2}(-1-j)$
01	$\frac{\sqrt{2}}{2}(1-j)$

2. 编码方式

(1) 编码方式的选择

在本课题中,考虑到低轨卫星的空间环境,为了使系统的传输过程更加可靠,相比较于使用更大的功放或者是更大的天线这两种方式,使用先进的编译码方法来进行系统性能的优化有着十分明显的优势。因此本课题主要采用 Turbo 编码。Turbo 码具有很多优点,比如十分卓越的纠错性能、性能接近香农限,并且编译码的复杂度比较低。上行链路采用了 1/3Turbo 码来作为信道编码。保证了信噪比在 1 dB 左右的时候其误码率达到 10^{-5} 级别。

(2) Turbo 码的编码原理

Turbo 码的编码器主要由分量编码器、交织器复接器组成。Turbo 码编码器通过交织器,使待编码的信息序列产生两路不相关的子序列,随后再将这两路子序列分别送入两个独立的分量码编码器进行独立编码,然后经过删除、复用,产生最终编码后的码字序列。由于交织器的存在,使得交织后的信息比特能够近似于呈随机分布的状态。这样一来,分量码编码器产生的码字码重较高,即使经过删除、复用后,也能具有较高的码重,这使得 Turbo 码的性能得到了比较大提升。

本课题使用的是 RSC 编码器,除了第一个 RSC 编码器的前面不使用交织器以外,接下来的每个 RSC 编码器之前都应该有一个交织器与之对应。在 Turbo 码编码器中,一个信息序列 $\{u_m\}$(长度为 n)不仅会被直接送入第一个分量编码器 RSC_1,与此同时还会被当成系统输出 $\{x_m^s\}$ 直接送到复接器。而 $\{u_m\}$ 在经过一个 n 位交织器之后,会形成一个新的序列 $\{u_m'\}$ 被送入第二个编码器 RSC_2,其内容与长度均没有发生变化,但是比特位置会进行重新排列。$\{u_m\}$ 和 $\{u_m'\}$ 分别被传送到所选用的两个 RSC 分量码编码器中,这两个 RSC 分量码编码器的结构一般来说是相同的,会生成两个分量码校验序列:$\{x_m^{1p}\}$ 和 $\{x_m^{2p}\}$。而后 $\{x_m^{1p}\}$、$\{x_m^{2p}\}$ 与还未进行编码的信息序列 $\{x_m^s\}$ 复接,会生成最终的 Turbo 码序列 $\{p_m\}$。Turbo 的编码器结构如图 2 所示。

3. 帧结构设计

(1) 应用层帧结构设计

由于卫星物联网服务的范围比较大,因此存在单次接入的时候所有用户同时接入,从而导致网络拥塞的可能。为了减少网络拥塞发生的概率,一般用户规定 1 分钟发送一次数据。

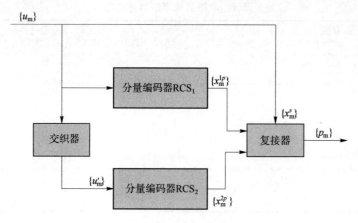

图 2 Turbo 码的编码器结构

可以在应用层设计一个超帧,时长为 60 s,映射到链路层的 12 个链路层帧上。每个用户原则上每次在 1 个超帧内发送 1 次数据,发送的时机为 12 个链路层帧中随机选择,从而最大程度上避免了信道的拥塞。

(2)链路层帧结构设计

链路层的主要工作是建立连接和完成数据传输服务。首先,用户从波束接入到更换波束的最小时间大约是 12 s,考虑到后续商用星座需要进一步提升系统容量,设计子帧长度为 5 s 应该可以满足商用星座组网的需求。此外,用户终端需要根据卫星的广播更新同步秒脉冲,较长的帧结构可能会导致秒脉冲跟踪产生误差,较短的帧结构可以有效地保证终端和载荷秒同步。最后,由于每个链路帧都会携带广播信号,链路帧太短会导致系统开销增加,降低系统的效率。所以链路层帧应当尽量地短,以保证终端和载荷秒同步;但也不能太短,以保证系统效率。因此,5 s 一个链路层帧是一个合理的设计。

链路层每个帧周期为 5 s,包含多种子帧结构。其中上行帧包括数据发送请求子帧,上行数据子帧两种;下行帧包含广播子帧,资源分配子帧,确认子帧和下行数据子帧。链路层的一个帧可以映射到一个或者多个物理层的帧结构中去。每 12 个链路层帧构成一个超帧,周期为 60 s。下面对链路层的子帧进行详细说明。

• 广播子帧为下行帧,长度为 400 bits,主要用于粗同步和汇报卫星位置,轨道信息和网络配置信息。考虑采用 4 kbit/s 的速率,则一个广播子帧映射到 10 个周期为 10 ms 的物理帧上。广播帧由帧计数、服务 ID、星历、位置信息、鉴权信息和校验码构成。广播子帧相关参数如表 2 所示。

表 2 广播子帧相关参数

帧计数	服务 ID	星历	位置	MIC	CRC
4 bits	12 bits	128 bits	192 bits	32 bits	32 bits

①帧计数:4 bit,超帧中的第几子帧,取值范围 0~11。

②帧服务 ID:服务 ID 包括 3 bit 的协议版本号,8 bit 的卫星标志,1 bit 保留。

③星历:更新卫星的轨道参数,便于终端计算卫星的过顶时间,确定终端下次开机时间。同时终端根据参考时间来实现与载荷的时间粗同步。广播子帧星历相关参数如表3所示。

表3 广播子帧星历相关参数

定义	数据格式	bit数	单位及参数
星历参考时间	无符号二进制整数	16	秒
轨道半长轴	无符号二进制整数	32	0.1 m
轨道偏心率	无符号二进制整数	16	$3\times10-3\times2-11$
轨道倾角	无符号二进制整数	16	$\pi\times2-14$
升交点赤经	无符号二进制整数	16	$\pi\times2-14$
近地点角距	无符号二进制整数	16	$\pi\times2-14$
半近点角	无符号二进制整数	16	$\pi\times2-14$

④位置信息:提供卫星及时位置信息如表4所示。

表4 位置信息

坐标系	数据格式	字节	单位	输出信息
WGS-84 X 位置	有符号二进制补码	4	m	WGS-84 坐标系,X 位置
WGS-84 Y 位置	有符号二进制补码	4	m	WGS-84 坐标系,Y 位置
WGS-84 Z 位置	有符号二进制补码	4	m	WGS-84 坐标系,Z 位置
WGS-84 X 速度	有符号浮点数	4	m/s	WGS-84 坐标系,X 速度
WGS-84 Y 速度	有符号浮点数	4	m/s	WGS-84 坐标系,Y 速度
WGS-84 Z 速度	有符号浮点数	4	m/s	WGS-84 坐标系,Z 速度

• 上行请求子帧为终端用户需要发送上行数据需求,载荷收到上行数据请求以后为终端分配时频资源。上行请求子帧由80 bits构成,考虑上行信息速率为4 kbit/s,则占用2个物理层子帧,周期20 ms。上行请求子帧由终端地址,上行数据长度,终端鉴权信息和校验信息构成,相关参数如表5所示。

表5 上行请求子帧相关参数

终端地址	数据长度	AES MIC	CRC	保护间隔
32 bits	2 bits	16 bits	16 bits	14 bits

①终端地址:32 bits用来标识上行用户的地址。

②数据长度:数据长度用来表示上行数据的长度,分为2种长度。

③AES MIC:用来鉴权。

④CRC:数据校验。

⑤保护间隔:由于终端到卫星的距离不一致,因此不同终端到卫星的传播时延不同,同时终端的秒脉冲误差也可能导致信号到达时间与载荷定时有所误差,为了避免终端发送信号到达载荷的时候发送定时误差导致的冲突,所以设计了约3 ms的保护间隔。

- 资源分配子帧,根据用户的上行需求分配资源用户上行数据发送。每个资源分配子帧长度为40 bits,占用一个10 ms的物理帧。下行资源分配子帧由用户地址、分配的时间资源和分配的频率资源构成,相关参数如表6所示。

表6 资源分配子帧相关参数

用户地址	时间资源	频率资源	CRC
24 bits	6 bits	2 bits	8 bits

①用户地址:表示用户地址,采用地址压缩算法将32 bits用户地址压缩为24 bits。
②时间资源:指示用户发送上行数据所采用的时隙。
③频率资源:指示用户发送上行数据所采用的频点。
④CRC:数据校验。

- 上行数据子帧,依据载荷给定的时间和频点发送上行数据。上行数据子帧包含用户地址,数据,鉴权和校验。上行数据标准子帧为1200 bits,用户上行数据包含140个字节,共1120 bits。上行数据标准子帧映射30个物理帧,周期300 ms;半长帧映射15个物理帧,包含65个字节的有效数据,周期150 ms;短帧映射8个物理帧,包含27个有效数据,2个短帧中间插入一个物理帧作为保护帧,相关参数如表7所示。

表7 上行数据子帧相关参数

帧类型	地址	数据	AES MIC	CRC	保护
标准帧	32	1 120	16	16	16
半长帧	32	520	16	16	16
短帧	32	216	16	16	0

①地址:上行用户地址。
②数据:上行用户数据。
③AES MIC:用户鉴权信息。
④CRC:数据校验。
⑤保护:保护间隔。

- 确认子帧主要给载荷用来确认上行用户数据是否正常接收。确认子帧分为压缩地址、确认信息、保留和校验信息,占用一个物理子帧,周期10 ms。

表8 确认子帧相关参数

压缩地址	ACK/NACK	保留	CRC
24 bits	1 bits	3 bits	12 bits

(3)物理层帧结构设计

最短的链路层子帧是确认子帧,其长度为40 bits,刚好满足4 kbit/s速率下10 ms的一个物理层帧结构设计,并且10 ms的物理层帧设计满足了当前系统对于晶振同步的需求。

物理层的每个物理帧周期是10 ms,其中每帧有10个子时隙,因此,每个子时隙的周期为 1 ms,码片速率为 1.023 mcps,每个子时隙的长度为 1023 个码片。这 10 个子时隙中,其中的一个时隙为同步时隙,另外的 9 个时隙用来做下行数据信道和下行控制信道。同步子时隙的信号设计采用导航增强的扩频序列设计,既实现导航增强,同时实现信号同步。终端接收下行信号后,每隔 10 ms 完成一次同步。下行信息速率根据信道特性选择适合的速率,如信道条件较好,则选择 8 kbit/s 的信息速率,此时的符号速率为 8 ksps,即每 128 个码片表示一个符号;若信道情况较差,也可以采用 4 kbit/s 的信息速率,此时的符号速率为 4 ksps,则每 256 个码片表示一个符号。图 3 为物理层下行帧结构。

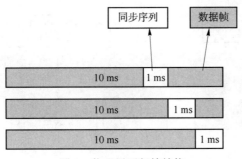

图 3　物理层下行帧结构

上行物理层设计则相对简单,原始数据通过信道编码,然后经过调制,并结合下行信道获取的多普勒频移信息对上行信号频率进行补偿,然后发送。不同用户使用不同的频点,使用频点由星上载荷分配。帧结构上,上行物理帧周期为 10 ms,考虑到用户设备相对误差较大,所以其中 2 ms 为同步头。上行信号的调制根据信息速率确定同步头和有效载荷的符号数量。图 4 为物理层上行帧结构。

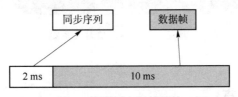

图 4　物理层上行帧结构

(4)三层协议映射关系图(图 5)

从上图中可以看出,对于 5 s 的一个链路层帧结构设置有 14 个有效标准数据子帧的接入,14 个资源分配结果,14 个确认信号。由于请求阶段是基于随机 Slotted Aloha 协议设计的,用户间存在冲突可能,实际最大效率为 30% 左右,因此设计了 42 个请求子帧空间,保证最大能够接入约 14 个有效数据包。

在本项目中,通信系统设计的帧结构为 5 s 回报一次时间和位置信息,因此可能由于定时不准确以及卫星快速移动的特性导致测距误差,继续提高时间和位置的回报频谱应该可以有效地提升导航精度。另外,本次设计的扩频码片速率为 1.023 Mbit/s,因此时间同步地误差为毫秒级别,若要继续提升系统性能则可以进一步提高码片速率,若提升到 10.23 Mbit/s,则可以将时间精度再提升 10 倍,从而为进一步提高导航精度创造条件。

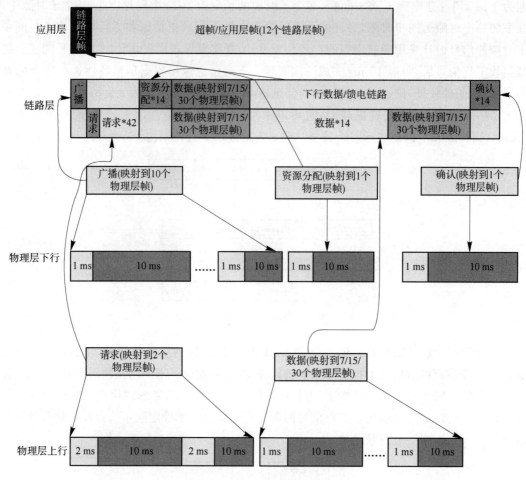

图 5　三层协议映射关系图

三、MATLAB 仿真

（1）OQPSK 调制的仿真

①输入的二进制序列以及串并转换成的上下两路信号，下支路信号已延时，随机产生的码元如图 6 所示，抽样脉冲与矩形脉冲相卷即为输入信号。

②上下支路分别经过调制后的信号相关波形图如图 8 所示。

③将上下支路相加得到的调制后的信号以及加了高斯白噪声的信号相关波形图如图 9 所示。

从图上可以看出，加入了高斯白噪声之后信号仅仅受到了轻微影响，接收信号的时域波形图与功率谱相比于已调信号出现轻微的杂乱。

（2）Turbo 编码仿真

仿真程序中共计算了十一个点的数据，从 −5 dB 点到 5 dB 点，取整数点。1 dB 点为第

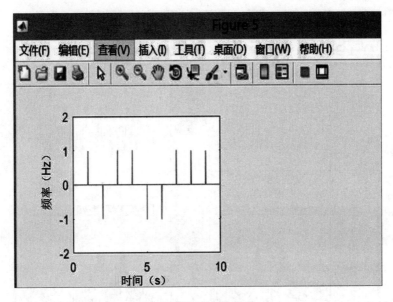

图 6 随机产生的码元

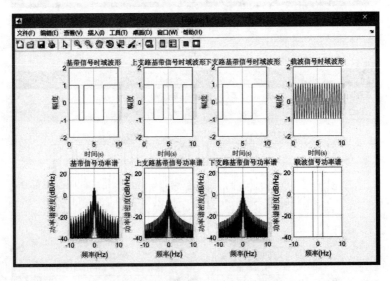

图 7 基带及载波信号相关波形图

七个点。图 10 中横坐标为信噪比,纵坐标为误码率。随着信噪比的逐渐升高,误码率也随之降低;横坐标为 7 的 1 dB 点(橙色点)对应的信噪比近乎为 0,达到了信噪比在 1 dB 左右的时候其误码率为 10^{-5} 级别的要求。

(3)下行物理层帧结构仿真

该图模拟的是 3 个不同的波束下下行物理层帧结构。从图 11 中可以看出,每个帧结构的长度为 10 ms,每个帧中有一个时隙为同步时隙(标红),剩下的时隙用作数据的传输。并且不同波束下的同步时隙位置都可能是不同的。

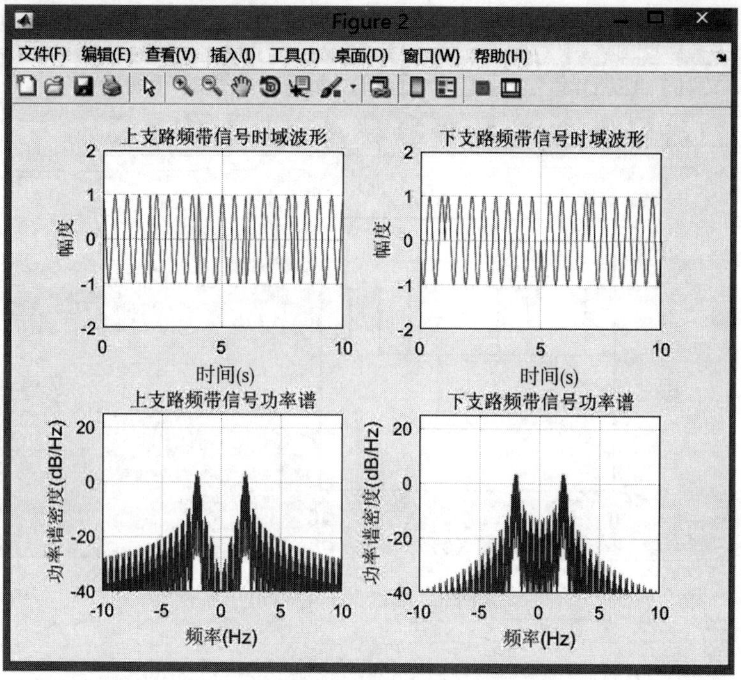

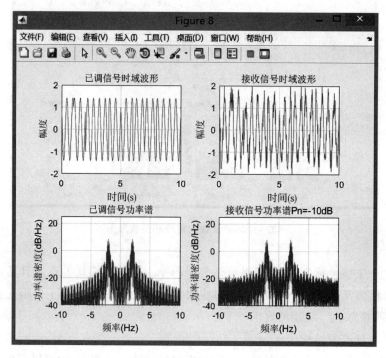

图 8 上下支路频带信号相关波形图

图 9 已调信号及接收信号相关波形图

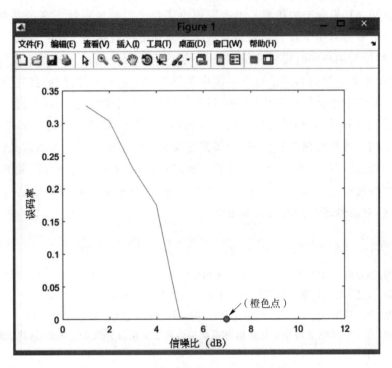

图 10 Turbo 码仿真结果图

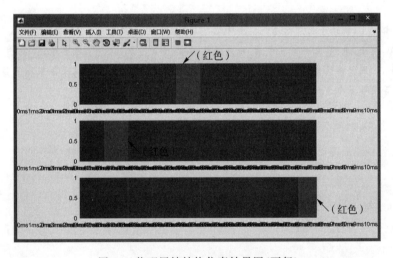

图 11 物理层帧结构仿真结果图(下行)

四、总结和展望

本课题名称为基于 NB-IoT 的导航通信一体化信号体制设计,主要从调制方式、编码方式、帧结构设计上进行了研究,选择了适合于本课题的 OQPSK 调制与 Turbo 编码方式,接下来对应用层、链路层、物理层帧结构进行分析,找到三层协议的对应关系,最后对部分设计内容进行 MATLAB 平台上的仿真。本课题解决了对于信号可用性不高的某些地区（比如深山、峡谷、地下室等），由于没有信号覆盖或者信号性能较弱而无法提供通信与导航服务的问题，以及更好地为用户同时提供通信服务与导航服务，保证信号之间尽量减少彼此干扰。但是，这些仅仅是整个导航与通信融合系统中信号结构组成的一部分，而且并没有进行信号性能的评估。基于本论文的研究成果，还可以针对以下几点进行进一步的研究。

（1）优化扩频码。扩频码是的性能优劣直接影响了扩频系统的性能。如果能够筛选出自相关性和互相关性都很强的扩频码，对提高定位信号的精度有着不菲的意义。

（2）信号性能的评估。本课题只是进行了初步设计，并未涉及对信号性能的评估。未来可以构建一套导航通信一体化信号性能评估的方法，针对窄带物联网中导航系统与通信系统的融合背景，对信号进行全方位客观地评估。

参考文献

[1] 王如霞. 通导融合系统中定位信号的设计与性能评估[D]. 北京邮电大学,2018.

[2] 谢书豪. 高速 OQPSK 数字解调同步技术研究与实现[D]. 电子科技大学,2018.

[3] 白金龙. 非高斯噪声信道下 Turbo 码编解码的设计与仿真[D]. 郑州大学,2018.

[4] 屈利忠. 北斗/GNSS 实时精密定位服务系统关键算法研究与实现[D]. 地点:武汉大学,2017.

[5] Dajun Sun, Jia Gu, Yunfeng Han, Jucheng Zhang. Inverted ultra-short baseline signal design for multi-AUV navigation[J]. Applied Acoustics,2019,150.

作者简介

董姗,女,本科生,就读于北京信息科技大学信息与通信工程学院通信 1503 班。

姚媛媛,女,博士,讲师,主要研究方向:无线能量传输,资源分配,认知无线电等。

史雨蘅,女,中国科学院空天信息研究院工程师,主要研究方向:卫星导航及导航增强技术,曾获得国防科技进步三等奖等多个省部级奖励。

导航通信一体化信号体制研究

郭蓉[1]　杨玮[1]　葛建[2]

([1]北京信息科技大学信息与通信工程学院,北京,100101)

([2]中国科学院光电研究院,北京,100094)

摘　要:本项目针对复杂场景环境下导航信号"脆弱性"与空间"阴影区"所引入的能力下降问题,对导航与通信融合的信号级体制做出了研究。采用复合载波调制技术,将通信信号和导航信号融合在一起,进行新信号性能指标的分析,首先分析通信信号和导航信号的体制特征,为导通融合信号体制设计做出指导;其次,筛选导航与通信融合体制最关心的性能指标;最后,针对这些性能指标建立参数映射模型,构建评估体系。本项目初步探讨了导航与通信融合体制的特征与性能指标,发挥导航信号定位精度高和通信信号覆盖范围广的优势。

仿真结果表明,导通融合信号关心的指标有码跟踪精度、抗多径能力和抗干扰能力,与之相关的参数主要是子载波和伪随机码。并得出结论,在子载波越密集,高频分量多且带宽越宽的情况下,信号的性能指标越优异。

关键词:导航通信一体化;抗多径;抗干扰;码跟踪精度。

Research on Integrated Signal System of Navigation Communication

Guo Rong　Ge Jian　Yang Wei

Abstract: This project focuses on the problem of the decline of the ability of navigation signals "fragility" and space "shadow area" in complex scenes, and studies the signal-level system of navigation and communication convergence. The composite carrier modulation technology is used to fuse the communication signal and the navigation signal to analyze the performance of the new signal. Firstly, the system characteristics of the communication signal and the navigation signal are analyzed to guide the design of the conduction signal system. Secondly, select the performance indicators which most relevant to the communication integration system; finally, a parameter mapping model is established for these performance indicators to construct an evaluation system. The research results show that the subject explores the characteristics and performance indicators of the navigation and communication fusion system, and takes advantage of the high positioning accuracy of navigation signals and wide coverage of communication signals.

The simulation results show that the parameters concerned by the lead fusion signal are code tracking accuracy, multi-path resistance and anti-interference ability. The parameters related to the signal are mainly sub-carrier and pseudo-random code. It is concluded that the signal performance index is excellent when the sub-carrier is dense, the high frequency component is large and the bandwidth is wide.

Key words: Integration of Navigation Communication; Multi-Path resistance; Anti-interference. Code tracking accuracy.

一、引言

随着社会的发展以及人们生活水平的提高，民众对位置服务的需求越来越大。而导航系统天然的脆弱性无法满足民众庞大的需求，如果能高效率利用地面成熟完善的基础设施和网络资源等条件，实现导航与通信的信号级融合，将使导航信号合理发挥其定位精度高的长处，移动通信能支持良好的信号覆盖，从而为用户提供更加完备的服务。

本课题研究的场景是复杂干扰环境，在电磁干扰环境、室内或人口密度大的地方，信号易受干扰，定位精度会下降。

本课题在前人研究的基础上，提出一种导航与通信在信号层面融合的方法，并利用复合载波调制生成导通融合信号，提取关键指标进行研究。

二、基本模型建立

1. 信号体制设计

导航通信融合的信号体制设计要在实现导航功能的同时兼顾通信传输能力，因此，考虑到越来越多的用户对基于移动通信的室内室外位置服务的需求，在此考虑通过复用调制方式实现功能的复合，诸如，良好的抗干扰性能，较好的抗多径性能，较大的传输速率以及足够的用户容量，从而实现导航与通信的融合，以支撑未来国家 PNT 体系的深化发展。

本章主要探索了复合载波信号的生成方式，通过探讨信号参数设置研究信号体制设计要素。

（1）信号生成方式

信号生成利用多载波调制方式，使子载波分别携带导航信息和通信信息，为不同子载波赋予不同功能，满足不同场景应用。信号生成图如图 1 所示。

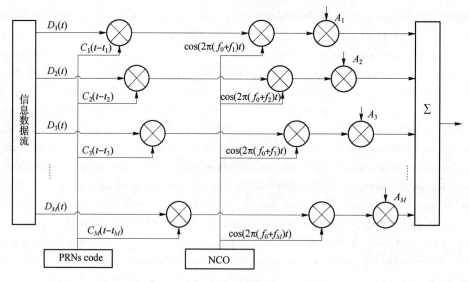

图 1　信号生成图

信号的频域见公式(1),时域公式见公式(2)。

$$G(f) = \frac{1}{M}\sum_{m=1}^{M} f_c \left| \frac{\sin[\pi(f-(f_0-f_m))T_c]}{\pi(f-(f_0-f_m))} \right|^2 \quad (1)$$

$$R(t) = F^{-1}\{G(f)\} = \frac{2}{M}\sum_{m=1}^{M} \mathrm{Tri}\left(\frac{2}{T_c}t\right) e^{j(\omega_0-\omega_n)t} \quad (2)$$

复合载波信号用于信号发射端和接收端之间的载波相位和伪距测量,并传送信息数据,其中 i 为信号发射端个数,M 为同相之路子载波个数,m 为该支路子载波的索引标记,f_m 为第 m 个子载波频点,f_c 为伪随机码码速率,T_c 为伪随机噪声码周期。其时域信号波形图如图2所示,频域波形图如图3所示。

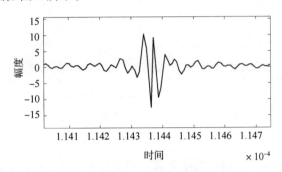

图 2 导航与通信融合信号时域波形图

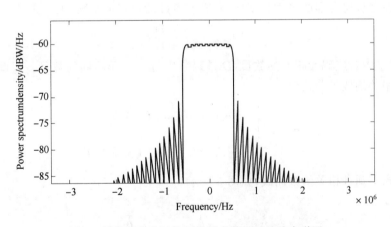

图 3 导通融合信号体制常规参数配置的功率谱图

(2)信号参数集

本文所设计的导通融合信号体制具备多样化的体制参数,赋予其非常宽泛的设计自由度,使其能够根据个性化的用户需求,多样化的场景应用,根据导航功能和通信功能进行针对性的复合设计。子载波配置能优化自相关函数,可以优化的设计要素有:(1)子载波数目;(2)伪随机码。其中子载波数目关系信号的传输能力,不同子载波数目和码速率不同的情况下自相关函数如图4所示。

从图中可以看出子载波数目越多,伪码速率越小的情况下,自相关函数峰值越尖锐,对应的信号潜在的跟踪精度越高。

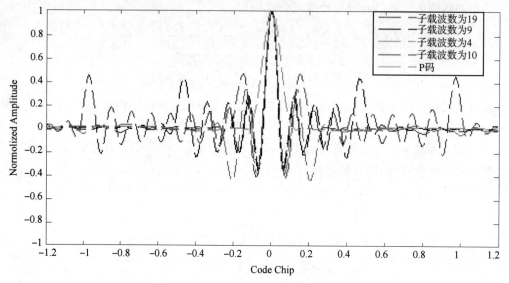

图 4 导航通信融合的自相关函数图

(3)伪随机码

由于伪随机码自相关性尖锐且和噪声的互相关性很小,故具有优异的抗干扰性能和抗多径性能。伪随机序列有 m 序列,m 序列以及 GOLD 序列。主要介绍一下 m 序列。m 序列是线性反馈移位寄存器的最大长度序列,有着良好的自相关函数,见公式(3)。

$$R(T) = \frac{A-D}{A+D} \tag{3}$$

式中,A 是码字中对应码元相同的数目,D 是码字中对应码元不同的数目。因此,m 序列信号的周期自相关函数见公式(4)

$$R_a(T) = \begin{cases} 1 - \frac{N+1}{NT_c}|T|, & |T| \leqslant T \\ -\frac{1}{N}, & T_c \leqslant |T| \leqslant (N-1)T_c \end{cases} \tag{4}$$

利用公式得到自相关函数曲线,如图 5 所示。

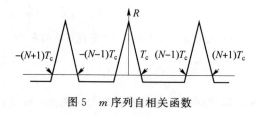

图 5 m 序列自相关函数

从图中可以看出 m 序列的自相关函数只在两序列相位差在正、负一个码元范围内时出现峰值,并表现出尖锐的自相关特性。

伪随机码设计主要关注其自相关特性,其中自相关峰值越尖锐,定位精度越好,码速率、码长以及数据信息一般被调制在伪随机码上,一起广播出去,带来了对伪随机码相关特性的影响,所以在此分析伪码序列的偶相关(见公式(5))和奇相关(见公式(6))。

$$R^E_{x_1-x_2}(\tau) = \frac{1}{N}\sum_{n=0}^{N-1} x_1(n)x_2(n-\tau)e^{j2\pi f_{\text{off}}\tau/f_c} \tag{5}$$

$$R^O_{x_1,x2}(\tau) = \frac{1}{N}\sum_{n=0}^{N-1} -1^\gamma x_1(n)x_2(n-\tau)e^{j2\pi f_{\text{off}}\tau/f_c} \tag{6}$$

式中,伪码序列 x_{1n} 和 x_{2n} 码片周期长度均为 N,电平值为 ± 1,f_{off} 是多普勒效应造成的码率误差,f_c 是伪码速率,γ 取值为当 $n<\tau$ 时为 1,其他情况取值为 0。码速率的选择需要结合实际的应用需求,在测距性能和终端成本、功耗、体积之间进行权衡。对军用信号而言,采用较高的码速率有利于提高测距性能和抗干扰能力对民用信号而言,选用较低的码速率有利于降低终端成本、功耗、体积,若同时保留较大的发射带宽则可以获得一定的性能提升空间,是一种不错的选择。自相关性能要求选择码长较长的伪随机码,可以和较高码速率配合。

(4)码片赋形

码片赋形通俗来讲是对伪码进行调制,通过对伪码信号频谱的调整达到波形设计的目的。在此利用正弦波对伪码调制,波形图如图 6 所示。信号波形设计需要在测距性能码跟踪抖动、多径误差和设备复杂度之间进行权衡。波形设计应尽可能占据频谱高端,并且避免信号间谱峰的重叠。

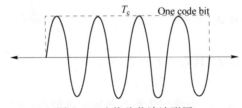

图 6 正弦偏移载波波形图

公式(7)是子载波基带调制信号的时域公式。

$$SC(t) = \sin\left(\frac{2n\pi}{T_c}t\right)C(t) \tag{7}$$

式中,T_c 是伪码的码片时长,从公式中可以看出,各子载波均为用正弦波作为副载波对伪码调制,其波形也是正弦波,叠加成复合载波可用其周期特性,图 7 为伪随机码码片图。

图 7 伪随机码码片图

(4)数据内容

数据内容主要包括基本定位信息和辅助信息,而想要实现导航与通信的融合,就必须在已有的数据内容基础之上,增加所需的通信信息。数据内容一般存储于导航电文中,在此虽然不做关于导航电文的研究,但是可以给出各个导航电文中所存储的数据内容,如表1所示。

表1 各类型数据内容

导航电文	数据内容
GPS WAAS	快变改正数、完好性信息、GEO 位置信息、电离层格网改正信息
GLONASS	卫星的轨道根数、卫星工作状态参数时间系统参数、历书
Galileo F/NAV	基本导航信息、GST 与 UTC/GPS 时间转换参数、历书
Galileo A/NAV	基本导航信息、GST 与 UTC/GPS 时间转换参数、历书、SAR 数据
北斗"Ⅰ"	基本定位信息、其他卫星导航系统时间转换、历书
北斗"Ⅱ"	基本定位信息、其他卫星导航系统时间转换、历书、北斗卫星导航系统完好性和差分信息、格网点电离层信息
增强系统(WAAS,EGNOS)	快变和慢变改正数、完好性、位置等信息

2. 信号体制评估理论体系

(1)码跟踪精度

跟踪误差对精度影响极大,其方差为公式(8)。

$$\sigma_\varepsilon^2 = 2 \cdot B_L \cdot R_n(0) \cdot T_p / K^2 \tag{8}$$

式中,$R_n(0)$为输出噪声功率,B_L为数字环路的等效单边带宽。

相干 EML 环的跟踪精度为公式[3-4](9)。

$$\sigma_r^2 = 2 \cdot B_L \cdot R_n(0) \cdot T_p / K^2$$
$$= B_L \frac{R_c \left[\int_{-\infty}^{\infty} SP_w(f) SP_{sd}^*(-f) df + \int_{-\infty}^{\infty} G_w(f) G_{sd}(f) df \right]}{\{2\pi \int_{-\infty}^{\infty} f \cdot [G_{s,s_{11}}(f) + G_{s,s_{12}}^*(-f)] \sin(\pi f d T_c) df\}^2} \tag{9}$$

式中,$SP_w(f)$噪声$w(t)$基于关系函数的功率谱,$SP_{sd}(f)$是噪声$Sd(t)$基于关系函数的功率谱,G为复合信号功率谱。

非相干 EMLP 的码跟踪误差为公式(10)。

$$\sigma_\varepsilon^2 = 2 \cdot B_L \cdot R_n(0) \cdot T_p / K^2$$

$$= B_L \frac{\left\{ 4 \frac{1}{T_p} \left[\int_{-\infty}^{\infty} G_w(f) G_{s_0}(f) \cos^2(\pi f d T_c) df \int_{-\infty}^{\infty} G_w(f) G_{s_0}(f) \sin^2(\pi f d T_c) df \right] + G_w(f) G_{s_0}(f) df \left[\left| \int_{-\infty}^{\infty} G_{s,s_0}(f) e^{-j\pi f d T_c} df \right|^2 + \left| \int_{-\infty}^{\infty} G_{s,s_0}(f) e^{j\pi f d T_c} df \right|^2 \right] - 2\mathrm{Re} \left[\int_{-\infty}^{\infty} \frac{G_w(f) G_{s_0}(f) e^{-j2\pi f d T_c} df}{\times \int_{-\infty}^{\infty} G_{s,s_0}(f) e^{-j\pi f d T_c} df \int_{-\infty}^{\infty} G_{s,s_0}^*(f) e^{-j\pi f d T_c} df} \right] \right\}}{(2\pi)^2 \times \left\{ \mathrm{Im} \left[\int_{-\infty}^{\infty} f G_{s,s_0}(f) e^{j\pi f d T_c} df \int_{-\infty}^{\infty} G_{s,s_0}^*(f) e^{-j\pi f d T_c} df - \int_{-\infty}^{\infty} f G_{s,s_0}(f) e^{-j\pi f d T_c} df \int_{-\infty}^{\infty} G_{s,s_0}^*(f) e^{j\pi f d T_c} df \right] \right\}^2} \tag{10}$$

Gabor 带宽定义表达式见公式(11)

$$\Delta f_{\text{Gabor}} = \sqrt{\int_{-\frac{\beta_r}{2}}^{\frac{\beta_r}{2}} f^2 G(f) \mathrm{d}f} \tag{11}$$

式中，β_r 是接受带宽，Δf_{Gabor} 单位是 Hz，在相同的接收载噪比和环路带宽条件下，决定码跟踪精度下界的是信号的 Gabor 带宽，Gabor 带宽越大，码跟踪精度越高。

(2)抗多径性能

多径效应，是电波传播信道中的多径传输现象所引起的干涉延时效应，会引起信号衰落和相移、限制传输带宽和速率以及引起载波相位系统偏差，是实现导航定位主要误差源之一，因此，多径环境下导航性能是必须考虑因素。多径接收信号只考虑反射情况，表达式为(12)。

$$r(t) = a_0 e^{j\varphi} x(t - \tau_n) + \sum_{n=1}^{N} a_n e^{j\varphi} x(t - \tau_n) \tag{12}$$

式中，$x(t)$ 是发送信号的复包络，τ_n 是直达信号的传播时延，a_0 为直达信号幅度，φ_0 为直达信号的相位，N 为反射多径信号的路径数目，a_n 为多径信号的幅度，φ_n 是多径反射信号的相位，τ_n 是多径反射信号的时延。

相干超前减滞后鉴别器输出为公式(13)

$$D_{\text{EML}} = I_E - I_L \tag{13}$$

非相干超前减滞后鉴别器输出公式为(14)

$$D_{\text{EMLP}} = (I_E^2 + Q_E^2) - (I_L^2 + Q_L^2) \tag{14}$$

非相干超前减滞后点击功率鉴别器输出公式为(15)

$$D_{\text{DP}} = (I_E - I_L)I_P + (Q_E - Q_L)Q_P \tag{15}$$

式中，IE，IL，QE，QL 以及 QP 的取值见公式(16)。

$$I_E = R_e[R_E] = a_0 \cos(\varepsilon_\varphi) R(\varepsilon_t - d/2) + \sum_{n=1}^{N} a_n \cos(\varepsilon_\varphi + \widetilde{\varphi}_n) R(\varepsilon_t - \widetilde{\tau}_n - d/2)$$

$$Q_E = I_m[R_E] = a_0 \sin(\varepsilon_\varphi) R(\varepsilon_t - d/2) + \sum_{n=1}^{N} a_n \sin(\varepsilon_\varphi + \widetilde{\varphi}_n) R(\varepsilon_t - \widetilde{\tau}_n - d/2)$$

$$I_L = R_e[R_L] = a_0 \cos(\varepsilon_\varphi) R(\varepsilon_t + d/2) + \sum_{n=1}^{N} a_n \cos(\varepsilon_\varphi + \widetilde{\varphi}_n) R(\varepsilon_t - \widetilde{\tau}_n - d/2)$$

$$Q_L = I_m[R_L] = a_0 \sin(\varepsilon_\varphi) R(\varepsilon_t + d/2) + \sum_{n=1}^{N} a_n \sin(\varepsilon_\varphi + \widetilde{\varphi}_n) R(\varepsilon_t - \widetilde{\tau}_n - d/2)$$

$$I_P = R_e[R_P] = a_0 \cos(\varepsilon_\varphi) R(\varepsilon_t) + \sum_{n=1}^{N} a_n \cos(\varepsilon_\varphi + \widetilde{\varphi}_n) R(\varepsilon_t - \widetilde{\tau}_n)$$

$$Q_P = I_m[R_P] = a_0 \sin(\varepsilon_\varphi) R(\varepsilon_t) + \sum_{n=1}^{N} a_n \sin(\varepsilon_\varphi + \widetilde{\varphi}_n) R(\varepsilon_t - \widetilde{\tau}_n) \tag{16}$$

式中，$R(\tau)$ 为信号的自相关函数，$\varepsilon(\varphi)$ 为直达信号相位估计误差 $\widetilde{\varphi}_n = \varphi_n - n_0$ 表示多径信号相对于直达信号的相位差，$\varepsilon_\tau = \tau - \tau_0$ 为直达信号的时延估计误差，$\widetilde{\tau} = \tau_n - \tau_0$ 为多径信号相对直达信号的额外时延。

对相干超前减滞后鉴别器输出形式表达的隐函数求导即可得到多径误差极值对应的多径相移，见公式(17)。

$$\frac{\partial \varepsilon_t}{\partial \tilde{\varphi}_1} = \frac{\partial D_{EML}/\partial \tilde{\varphi}_1}{\partial D_{EML}/\partial \varepsilon_t}$$

$$= \frac{-a_1 \sin(\varepsilon_0 + \tilde{\varphi}_1)[R(\varepsilon_t - \tilde{\tau}_1 - d/2) - R(\varepsilon_t - \tilde{\tau}_1 + d/2)]}{\left\{\begin{array}{l} a_0 \cos(\varepsilon_\varphi)[R'(\varepsilon_t - d/2) - R'(\varepsilon_t + d/2)] \\ + a_1 \cos(\varepsilon_\varphi + \tilde{\varphi}_1)[R(\varepsilon_t - \tilde{\tau}_1 - d/2) - R(\varepsilon_t - \tilde{\tau}_1 + d/2)]\end{array}\right\}} \quad (17)$$

由公式(17)可以得出多径误差极值出现在 $\varepsilon_\varphi + \tilde{\varphi}_1 = 0$ 和 $\varepsilon_\varphi + \tilde{\varphi}_1 = \pi$。

非相干超前减滞后鉴别器为公式(18)。

$$\frac{\partial \varepsilon_t}{\partial \tilde{\varphi}_1} = \frac{\partial D_{EML}/\partial \tilde{\varphi}_1}{\partial D_{EML}/\partial \varepsilon_t}$$

$$= \frac{\left\{\begin{array}{l} -2[a_0 R(\varepsilon_t - d/2) + a_1 \cos(\tilde{\varphi}_1) R(\varepsilon_t - \tilde{\tau}_1 - d/2)]a_1 R(\varepsilon_t - \tilde{\tau}_1 - d/2)\sin(\tilde{\varphi}_1) \\ +2[a_1 \sin(\tilde{\varphi}_1) R(\varepsilon_t - \tilde{\tau}_1 - d/2)]a_1 R(\varepsilon_t - \tilde{\tau}_1 - d/2)\cos(\tilde{\varphi}_1) \\ +2[a_0 R(\varepsilon_t + d/2) + a_1 \cos(\tilde{\varphi}_1) R(\varepsilon_t - \tilde{\tau}_1 + d/2)]a_1 R(\varepsilon_t - \tilde{\tau}_1 + d/2)\sin(\tilde{\varphi}_1) \\ -2[a_1 \sin(\tilde{\varphi}_1) R(\varepsilon_t - \tilde{\tau}_1 + d/2)]a_1 R(\varepsilon_t - \tilde{\tau}_1 + d/2)\cos(\tilde{\varphi}_1) \end{array}\right\}}{\partial D_{EML}/\partial \varepsilon_t}$$

$$= \frac{\left\{\begin{array}{l} 2a_1 a_2 \sin(\tilde{\varphi}_1)\cos(\tilde{\varphi}_1)\begin{bmatrix} R(\varepsilon_t - \tilde{\tau}_1 - d/2)R(\varepsilon_\tau - \tilde{\tau}_1 - d/2) \\ -R(\varepsilon_t - \tilde{\tau}_1 + d/2)R(\varepsilon_\tau - \tilde{\tau}_1 + d/2) \end{bmatrix} \\ +2a_1 \sin(\tilde{\varphi}_1)\left\{\begin{array}{l} a_0 \begin{bmatrix} R(\varepsilon_t + d/2)R(\varepsilon_\tau - \tilde{\tau}_1 + d/2) \\ -R(\varepsilon_t - d/2)R(\varepsilon_\tau - \tilde{\tau}_1 - d/2) \end{bmatrix} \\ +a_1 \cos(\tilde{\varphi}_1)\begin{bmatrix} R(\varepsilon_t - \tilde{\tau}_1 + d/2)R(\varepsilon_\tau - \tilde{\tau}_1 + d/2) \\ -R(\varepsilon_t - \tilde{\tau}_1 - d/2)R(\varepsilon_\tau - \tilde{\tau}_1 - d/2) \end{bmatrix} \end{array}\right\} \end{array}\right\}}{\partial D_{EML}/\partial \varepsilon_t}$$

(18)

从公式(18)可以看出 $\tilde{\varphi}_1 = 0$ 和 $\tilde{\varphi}_1 = \pi$ 时得到极值。

非相干超前减滞后点击功率鉴别器对应的多径误差公式为(19)。

$$\frac{\partial \varepsilon_t}{\partial \tilde{\varphi}_1} = \frac{\partial D_{DP}/\partial \tilde{\varphi}_1}{\partial D_{DP}/\partial \varepsilon_t}$$

$$= \frac{\left\{\begin{array}{l} -a_0 a_1 \sin(\tilde{\varphi}_1)[R(\varepsilon_t - d/2) - R(\varepsilon_t + d/2)]R(\varepsilon_t - \tilde{\tau}_1) \\ -a_0 a_1 \sin(\tilde{\varphi}_1)[R(\varepsilon_t - \tilde{\tau}_1 - d/2) - R(\varepsilon_t - \tilde{\tau}_1 + d/2)] \end{array}\right\}}{\partial D_{DP}/\partial \varepsilon_t} \quad (19)$$

同样地在 $\tilde{\varphi}_1 = 0$ 和 $\tilde{\varphi}_1 = \pi$ 处取到极值。

多径误差包络的表达式为公式(20)

$$\varepsilon_t \approx -\frac{\pm 2a_1 \int_{-\frac{\beta_r}{2}}^{\frac{\beta_r}{2}} S(f)\sin(-2\pi f\tilde{\tau}_1)\sin(\pi fd)\mathrm{d}f}{4\pi a_0 \int_{-\frac{\beta_r}{2}}^{\frac{\beta_r}{2}} fS(f)\sin(\pi fd)\mathrm{d}f \pm 4\pi a_1 \int_{-\frac{\beta_r}{2}}^{\frac{\beta_r}{2}} fS(f)\cos(-2\pi f\tilde{\tau})\sin(\pi fd)\mathrm{d}f}$$

$$\approx \frac{\pm a_1 \int_{-\frac{\beta_r}{2}}^{\frac{\beta_r}{2}} S(f)\sin(2\pi f\tilde{\tau}_1)\sin(\pi fd)\mathrm{d}f}{2\pi \int_{-\frac{\beta_r}{2}}^{\frac{\beta_r}{2}} fS(f)\sin(\pi fd)\mathrm{d}f[1 \pm \tilde{a}_1\cos(2\pi f\tilde{\tau})]\mathrm{d}f} \quad (20)$$

利用本文提出的显式表达式(20)则很容易求出在 d 趋于 0 的条件下多径误差包络的极限,称它为基于超前减滞后延迟锁定环的码跟踪多径误差包络下界,见公式(21)。

$$\lim_{d \to 0}\varepsilon_\tau = \frac{\pm a_1 \int_{-\frac{\beta_r}{2}}^{\frac{\beta_r}{2}} fS(f)\sin(2\pi f\tilde{\tau}_1)\mathrm{d}f}{2\pi \int_{-\frac{\beta_r}{2}}^{\frac{\beta_r}{2}} f^2 S(f)[1 \pm a_1\cos(2\pi f\tilde{\tau}_1)]\mathrm{d}f} \quad (21)$$

为了使多径误差包络的特性更加直观,可以将公式(21)加以整理,得到公式(22)。

$$\lim_{d \to 0}\varepsilon_\tau = \frac{\pm a_1 \int_{-\frac{\beta_r}{2}}^{\frac{\beta_r}{2}} fS(f)\sin(2\pi f\tilde{\tau}_1)\mathrm{d}f}{2\pi \int_{-\frac{\beta_r}{2}}^{\frac{\beta_r}{2}} f^2 S(f)[1 \pm a_1\cos(2\pi f\tilde{\tau}_1)]\mathrm{d}f}$$

$$= \frac{\pm a_1 2\pi \int_{-\infty}^{\infty} fS(f)H(f)\sin(2\pi f\tilde{\tau}_1)\mathrm{d}f}{(2\pi)\int_{-\frac{\beta_r}{2}}^{\frac{\beta_r}{2}} f^2 S(f)\mathrm{d}f\left[1 \pm a_1 \dfrac{\int_{-\frac{\beta_r}{2}}^{\frac{\beta_r}{2}} f^2 S(f)\cos(2\pi f\tilde{\tau}_1)\mathrm{d}f}{\int_{-\frac{\beta_r}{2}}^{\frac{\beta_r}{2}} f^2 S(f)\mathrm{d}f}\right]} \quad (22)$$

式中,$H(f)$ 是理想滤波器的传递函数,当 f 取值范围在 $-\frac{\beta_\gamma}{2}$ 和 $\frac{\beta_\gamma}{2}$ 之间时,$H(f)$ 取值为 1,否则取值为 0。容易得出公式(23)

$$2\pi \int_{-\infty}^{\infty} fS(f)H(f)\sin(2\pi f\tilde{\tau}_1)\mathrm{d}f = -R'(\tilde{\tau}_1) * h(\tilde{\tau}_1) \quad (23)$$

式中,$R'(\tilde{\tau}_1)$ 是非带限自相关函数 R_τ 在 $\tilde{\tau}_1$ 处的一阶导数,$h(\tilde{\tau}_1)$ 则是和 $H(f)$ 对应的冲激响应。

多径误差引起的自相关函数二阶倒数由 $w_\pm(\tilde{\tau}_1)$ 决定,而该参数取值表达式为公式(24)。

$$w_z(\tilde{\tau}_1) = 1 \pm \tilde{a}_1 \frac{\int_{-\frac{\beta_r}{2}}^{\frac{\beta_r}{2}} f^2 S(f)\cos(2\pi f\tilde{\tau}_1)\mathrm{d}f}{\int_{-\frac{\beta_r}{2}}^{\frac{\beta_r}{2}} f^2 S(f)\mathrm{d}f} \quad (24)$$

(3)抗干扰性能

导航干扰主要分为导航系统面临的干扰(这些干扰包括互调干扰、带外干扰和同频干扰)以及导航信号的干扰,信号干扰有窄带干扰和使用和有用信号类似匹配功率谱的信号干扰,在此分析其抗干扰性能。

对于相干 EML 码跟踪环路，抗干扰品质因数表达式为(25)

$$Q_{\text{CTAJ}} = 10 \lg \left(\frac{\int_{-\frac{\beta_r}{2}}^{\frac{\beta_r}{2}} f^2 G_S(f) \mathrm{d}f}{\int_{-\frac{\beta_r}{2}}^{\frac{\beta_r}{2}} f^2 G_J(f) G_S(f) \mathrm{d}f} \right) \tag{25}$$

结合窄带干扰的功率谱特性，即对于窄带干扰，干扰功率谱密度表达式为(26)，可得到抗窄带干扰品质因数为公式(27)。

$$G_J(f) = \delta(f - f_J) \tag{26}$$

$$Q_{\text{DemAJMS}} = 10 \lg \left(\frac{1}{R_d \cdot \int_{-\frac{\beta_r}{2}}^{\frac{\beta_r}{2}} G_s^2(f) \mathrm{d}f} \right) (\mathrm{dB}) \tag{27}$$

此品质因数越大，说明该信号的码跟踪抗窄带干扰能力越强。

码跟踪抗匹配普干扰品质因数为公式(28)。

$$Q_{\text{CTAJMS}} = 10 \lg \left(\frac{\int_{-\frac{\beta_r}{2}}^{\frac{\beta_r}{2}} f^2 G_s^2(f) \mathrm{d}f}{\int_{-\frac{\beta_r}{2}}^{\frac{\beta_r}{2}} f^2 G_s^2(f) \mathrm{d}f} \right) (\mathrm{dB}) \tag{28}$$

三、仿真分析

1. 码跟踪精度评估

图 8 表示了不同参数配置下 Gabor 带宽的对比曲线。从图中可以看出子载波配置越密集，即子载波数目多且码速率低，对应的 Gabor 带宽的峰值限越大，对应的跟踪精度越高。

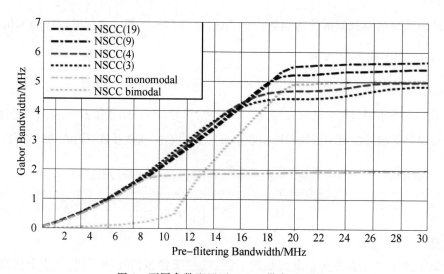

图 8　不同参数配置下 Gabor 带宽对比图

2. 抗干扰

提高抗干扰能力的方法可以概括为三种：压制、躲避和抑制。第一种方法是指通过提高信号的发射功率来提高抗干扰能力，不属于信号体制设计的范畴；而第二种方法是指通过改变信号的自身特性比如改变频率，使得信号与干扰相互正交来避免干扰；第三种方法是指通过接收端的处理，比如通过相关和滤波以及波束成形来达到减小干扰的目的。

图 9 展示了 20 MHz 带宽下导航与通信融合信号的抗窄带干扰能力。从图中可以看到 20 MHz 带宽下抗窄带干扰能力占优势，可以得出结论，高频分量占重比较高时，抗干扰能力好。

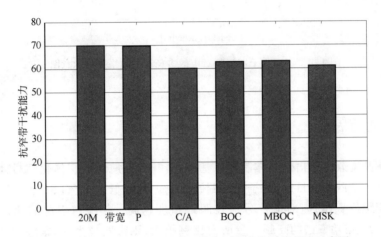

图 9 导通融合信号在 20 MHz 带宽下抗窄带干扰能力示意图

3. 抗多径

存在多径的接收环境必然会引起伪码和载波相位测量的系统偏差，并且这种误差严重依赖于接收机天线周围的环境，在空间上的相关性很小，难以通过差分的方法加以消除。尽管目前已经呈现了大量的多径减轻技术，多径误差仍然是导航系统的主要误差源之一。因此，多径环境下的性能是导航信号设计过程中必须考虑的一个重要因素。多径误差与导航信号、多径接收环境反射路径数目、延时、相移、衰减和接收处理技术均有关联，而基于非相干超前减滞后码跟踪环路的多径误差包络及其平均值已经成为了导航信号抗多径性能对比的事实标准，并在和导航信号设计过程中得到了广泛的应用。在信号体制设计中，对同一种调制方式，前端带宽越大，带宽越大，对于不同的调制方式，功率谱中高频分量越多，它的 Gabor 带宽越大，抗多径能力越强，多径引起的伪码跟踪偏差也与信号功率谱的高频分量所占比例有关，占比越大，多径误差越小。

相关研究表明减小相关器间隔可以减小多径误差。图 10 给出相关器间隔对多径误差包络的影响。从图中可以看出相干间隔越小，对应的多径误差包络越小。然而，这种减小的趋势会受到前端带宽的限制，即使相关器间隔趋近于 0，也不能使得多径误差接近 0。这种极限条件下的多径误差包络对于导航信号设计和接收机设计均具有指导意义，并且它是无法通过传统方法获得的。

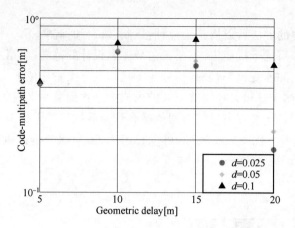

图10　不同相干器间隔对应的多径误差包络影响示意图

四、总结与展望

本课题在高度兼容通信信号体制体征基础上,开展导航通信一体化信号体制设计及系统性评估研究。子载波数目越多,子载波调制伪码速率越低,对应自相关函数波峰越尖锐,次峰与主峰相距位置越远,对应信号潜在跟踪精度越高。热噪声引起的伪码跟踪抖动与Gabor带宽有关系,功率谱的高频分量所占比例越大,则带宽越大,码跟踪精度越高。信号频谱利用率越高,干扰越小。伪码码速率越高,码跟踪精度越高,抗多径性能越好。抗干扰能力越好,在复杂干扰环境中,信息传送越准确,码跟踪精度越高,定位越准确。

本课题后续可深入研究互操作性与兼容性[2,5]。

参考文献

[1]王如霞. 通导融合系统中定位信号的设计与性能评估[D].北京邮电大学,2018.

[2]唐祖平. GNSS信号设计与评估若干理论研究[D].华中科技大学,2009.

[3]Betz J W. Effect of narrowband interference on GPS code tracking accuracy[J]. 2000:Navigating into the New Millennium,2000:16-27.

[4]J. W. Betz. Generalized theory of GPS code tracking accuracy with an Early-Late discriminator,Part 2:non-coherent processing and numerical results[J]. IEEE Transactions on Aerospace and Electronic Systems. 2009.

[5]韩涛. 卫星导航系统互操作算法研究[D].中国科学院研究生院(国家授时中心),2016.

作者简介

郭蓉,女,本科生,就读于北京信息科技大学信息与通信工程学院通信1501班。

葛建,男,指导老师,现任中国科学院光电研究所正高级工程师。

杨玮,女,博士,讲师,主要研究方向:高速光逻辑、光信号再生、全光加解密等技术。

基于 5G 通信的定位技术研究

王占蓉[1]　杨玮[1]　葛建[2]

([1] 北京信息科技大学信息与通信工程学院,北京,100101)
([2] 中国科学院光电研究院,北京,100094)

摘　要:本项目针对 5G 信号体制典型特征开展定位方法/算法研究,从 5G 通信物理层特征出发,首先分析归纳现有无线电定位技术及方法,比对算法适用情况、定位性能优劣、硬件支撑需求及技术局限等,建立定位技术概念体系;针对 5G 信号体制典型特征,诸如:信号带宽、信号频点、调制格式、多址方式,根据无线电定位算法原理及特征,筛选适用于 5G 的定位技术。根据 5G 通信体制特征,对算法进行适应新设计,并利用克拉美罗界和精度评估因子 GDOP 对算法性能及精度进行评估,挖掘 5G 信号潜在定位优势,指导优化空口参数集配置,探索典型场景应用;基于 MATLAB 仿真平台设计典型定位场景,对所设计定位算法进行性能验证,反馈优化定位算法设计,实现典型场景高精度定位。

仿真结果表明,基于 OFDM 信号设计的最小二乘法的 TOA 量测多圆定位技术信噪比大于 30 dB 后,其定位误差较小且趋于稳定。在典型场景进行定位仿真,在不考虑 GDOP 最优分布的条件下,无论是在平面二维,还是空间三维其定位误差均低于 10 m,证明基于 5G 通信的定位技术可以提高定位精度。

关键词:5G 物理层;无线电定位;OFDM;TOA 量测。

Research on Positioning Technology Based on 5G Communication

Wang Zhanrong　Yang Wei　Ge Jian

Abstract: This project develops the positioning method/algorithm for the typical characteristics of 5G signal system. Starting from the characteristics of 5G communication physical layer, it first analyzes and summarizes the existing radio positioning technology and method, compares the application of the algorithm, the positioning performance, the hardware support requirements and technology Limitations, etc. establishes a positioning technology concept system; for the typical characteristics of the 5G signal system, such as: signal bandwidth, signal frequency, modulation format, multiple access mode, according to the principle of radio position algorithm and features, screening for 5G positioning technology. According to the characteristics of 5G communication system, the algorithm is adapted to the new design, and the performance and accuracy of the algorithm are evaluated by the Cramer-Rao Bound and the accuracy evaluation factor GDOP. The potential positioning advantages of 5G signals are explored, and the configuration of the air interface parameter set is optimized to explore the application of typical scenes. Based on the Matlab simulation platform to design a typical positioning scenes, the performance of the designed positioning algorithm is verified, and the feedback optimization positioning algorithm is designed to achieve high-precision positioning of typical scenes.

The simulation results show that the signal-to-noise ratio (SNR) of the TOA measurement multi-circle positioning technology based on the least square method of OFDM signal design is larger than 30dB, and its positioning error is small and tends to be stable. In the typical scene, the positioning simulation is carried out. Under the condition of not considering the optimal distribution of GDOP, the positioning error is lower than 10m in both planar two-dimensional and spatial three-dimensional, which proves that the positioning technology based on 5G communication can improve the positioning accuracy.

Key words: 5G physical layer; radio positioning; OFDM; TOA.

一、引言

为了使定位服务实现全面覆盖,传统定位方法必须跟其他定位技术相融合,实现即使在室内和密集的城市区域中也能完成定位服务的要求,文献[1]中提到5G信号和网络架构设计为深度融合定位提供了强有力的支撑,但定位融合的前提是了解对它要融合的技术有一定的认识,并将其跟通信技术相结合,本课题主要研究前期的基于5G通信的无线电定位技术。

现有的移动定位技术基本上都是以无线网络为基础的,一些基于位置的服务都依赖于导航系统GPS/北斗来进行,形成了无线电定位,设备定位更是两者结合的定位技术,但是仍然会受到各种因素(网络信号、环境等)的制约,对定位的精度和效率造成影响。

本课题研究的重点是将5G与定位技术相结合,提高定位精度。在这个信息化的时代,无线电定位在日常生活中扮演着越来越重要的角色,前几代的移动通信技术的设计原则都是为通信服务的,很少考虑到定位的问题,虽然用这些通信技术也可以达到定位的效果,但其定位精度不够高,目前4G LTE蜂窝、GNSS和混合定位技术的精度都可以达到10~12 m,而且其初次定位时间和更新时延达到十秒,但还是存在较大的误差。美国联邦通讯委员会(FCC)、3GPP、IEEE等国际组织已将实现广域高精度室内定位确立为下一代移动通信技术的基础功能,5G通信在设计的时候就应该考虑这些问题。为了增强在5G主要的技术应用场景下的用户体验感,提高基于位置服务的服务质量,提升5G定位精度势在必行。

二、基本模型建立

1. 无线电定位体系的建立

无线电定位的原理是在地球表面或外层空间建立许多无线电发射台,并通过测量电磁波传播特性参数来确定移动体相对于发射台的位置[2]。从定位技术实现范畴上看,无线电定位技术分为:几何量测类定位技术和非几何量测类定位技术两类。

几何量测类定位技术,是指对测量值进行处理,转换为距离、角度等参量,通过几何解析的方法进行位置解算,如:TOA量测法、AOA定位、TDOA定位技术等。非几何量测类定位技术,直接利用测量值与位置间的匹配对应关系,进行位置估计,如:RSSI定位、信标定位、信号指纹定位等。与几何量测类定位技术方法相比,非几何量测类定位技术不需要检测判断空间中的非直射径,在复杂多径环境中也能获得理想的定位性能,缺点是构建位置指纹库的过程需要耗费大量的时间成本,且特征的选取以及指纹库匹配方式都对定位精度和延时有着极大的影响[3]。不同定位技术的优劣对比如表1所示。

表 1　不同定位技术的优劣对比

定位方法	测量信号	优点	缺点
TOA	时间	精度高、优化复杂度低、易实现	需时间同步、受非视距传播影响大
AOA	角度	最少需要2个基站、不需要时间同步	需要密集的天线阵列、易受信号多径效应的干扰
TDOA	差分时间	精度高、系统简单、单站投资少、不需要时间同步	优化复杂度高、基站之间需要同步、受非视距传播影响大
RSSI	接收信号强度	成本低、简单、不需要时间同步	精度低、易受非视距传播和阴影衰落的影响
位置指纹定位	信号特征参数	对抗多径效应和非视距（NLOS）传播的恶劣环境	需要建立庞大的指纹数据库
信标定位	信号特征参数	简单易实现、对基础实施及终端设备要求不高	精度低、覆盖范围小

2.5G 通信体制

(1) 频段与调制方式选择

5G NR 使用的频段可大致分成两段：小于 6 GHz 的频段(sub 6 GHz)，频率范围是 450 MHz～6000 MHz；毫米波频段(mmWave)，频率范围是 24 250 MHz～52 600 MHz。在 sub6GHz 频段，最大带宽是 100 MHz；在 mmWave 频段，最大带宽可以达到 400 MHz。由于 mmWave 频段是 5G 的新技术，肯定不能大规模使用，所以 5G 主要使用依然是 sub 6 GHz 频段，所以选定 sub 6 GHz 频段进行仿真。5G 物理层信道的调制解调方式有以下这些：在上行链路中，可以采用 QPSK、16QAM、64QAM 和 256QAM 等调制方式对带 CP 的 OFDM 信号进行调制解调，对于带 CP 的 DFT-S-OFDM 信号，则采用 $\pi/2$-BPSK、QPSK、16QAM、64QAM 和 256QAM 等调制方式调制解调，而在下行链路中，对信号的调制解调方式与上行链路相比，略有不同，只采用 QPSK、16QAM、64QAM 和 256QAM 等方式对信号调制解调，没有 $\pi/2$-BPSK 调制方式，本课题选用 16QAM 调制方式对信号进行调制解调。

(2) 5G 帧结构

5G 通信系统中，帧结构由两部分组成，分别是固定架构和灵活架构，灵活架构的设置由子载波间隔决定，其固定架构中当子载波的带宽是 $\Delta f=15$ kHz，带宽是 20 MHz 时，FFT 的采样点数是 2048，时域的基本单位 $T_s=1/(15\,000\times 2048)\text{s}=32.55\ \mu\text{s}$。每一帧的时长为 $T_f=307\,200\times T_s=10$ ms，1 帧可分成大小相等的两个半帧，而每一个半帧中存在着 5 个子帧，每一个子帧的时长为 1 ms[4]。完整的帧结构如图 1 所示。

(3) 确定定位信号

本课题将使用 OFDM 的多载波框架体制来设计算法，其原因如下，首先是对于 5G 物理层多载波技术的设计，国内呼声最高的三个主要方案都是基于 OFDM 而提出的，而且 5G 的备选信号，都是在 OFDM 的基础框架上加入窗函数或者是滤波器甚至是滤波器组而产生的，由于现在 5G 的信号体制还没有完全确定，所以本文将使用 OFDM 的多载波框架体制来设计算法。OFDM 技术的原理如图 2 所示。

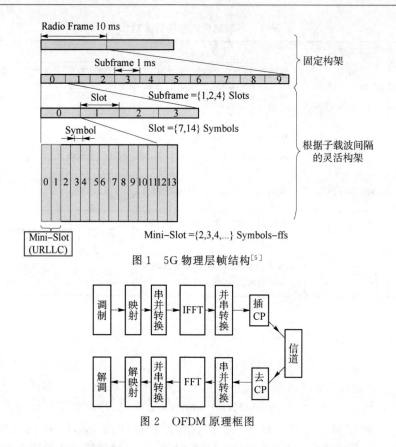

图 1　5G 物理层帧结构[5]

图 2　OFDM 原理框图

当 OFDM 信号的采样频率为 15 kHz，FFT 采样点数为 512，子带个数为 10，并行传输的子载波个数是 200，对这个信号进行 16QAM 调制解调，其功率谱密度与归一化频率的关系如图 3 所示。

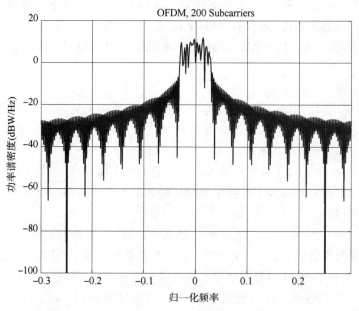

图 3　OFDM 信号经过 16QAM 调制解调后功率谱密度与归一化频率之间的关系

OFDM 技术的优点是抗衰落能力强,且频谱利用率高,而且可以通过使用不同数量的子信道实现物理层上行下行不同的传输速率。OFDM 系统对于定时和频率偏移很敏感,5G 通信的多址方式国际上普遍认可为非正交多址技术,为了让其能够正常工作,要保证接收端与发射端时间同步。

3. 基于 5G 定位算法设计与研究

(1) TOA 测距算法原理

TOA 本质是量测 5G 基站也就是信号发射源到达用户终端的时刻,其原理如图 4 所示,具体过程如下:

已知有 3 个基站 BS_1,BS_2,BS_3,已知三个基站的坐标为 (x_1,y_1),(x_2,y_2),(x_3,y_3),用户位置已知为 (x,y),设信号直线传播到每个基站的时间分别为 t_1,t_2,t_3 调制解调后获得信号的发射时间为 t_0,已知 $c=3.0\times10^8$,则从用户到基站的距离

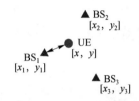

图 4 TOA 测距原理图

$$d_i = (t_i - t_0)c, i = 1, 2, \cdots, n \tag{1}$$

而用户到基站的实际距离 $= \sqrt{(x_i-x)^2+(y_i-y)^2}$ (2)

则定位误差 $\mathrm{Err} = \left| \sqrt{(x_i-x)^2+(y_i-y)^2} - d_i \right|$ (3)

TOA 测距时,信号从信号源到达基站的时间如图 5 所示,可以发现传播时间都很短,达到了微秒级,在非视距环境下信号传播一定会受到影响,会导致误差。

```
time_dur =

1.0e-06 *

  0.1381    0.0183    0.0095
```

图 5 TOA 定位时信号源到基站的传播时间

(2) 测距精度性能评估

对于 TOA 定位技术中的两点之间测距的参数估计,克拉美罗界(Cramer Rao Bound,CRB)为其确定了一个下限,即为 TOA 定位时两点测距性能的高低提供了一个标准。当 TOA 测距精度达不到 CRB 时也可以逐渐逼近达到这个下界。估计量的方差越靠近克拉美罗界,效果越好。对于有 m 个基站的 TOA 定位系统,所测得基站到信号源的距离值可表示为

$$r_i = \sqrt{(x-x_i)^2+(y-y_i)^2} + n_i \tag{4}$$

令 n_i 表示方差为 σ_i^2 的高斯白噪声,α_i 表示第 i 个基站到信号源的单位向量的方向,则有

$$\mathrm{D}r_i = u_i^T \begin{pmatrix} \mathrm{d}x \\ \mathrm{d}y \end{pmatrix}, u_i = \frac{1}{r_i}\begin{pmatrix} x-x_i \\ y-y_i \end{pmatrix} = \begin{pmatrix} \sin\alpha_i \\ \cos\alpha_i \end{pmatrix} \tag{5}$$

信息矩阵 F 可表示为

$$\mathrm{FIM} = \boldsymbol{A}\mathrm{diag}(\sigma_i^{-2})\boldsymbol{A}^\mathrm{T}, \boldsymbol{A} = (u_1, \cdots, u_m) \tag{6}$$

则克拉美罗界为

$$P = \mathrm{CRLB} = \boldsymbol{F}^{-1} = [\boldsymbol{A}\mathrm{diag}(\sigma_i^{-2})\boldsymbol{A}^\mathrm{T}]^{-1} \tag{7}$$

(3) 多球交会定位原理

多球交会本质上是基于 TOA 量测的定位技术，TOA 量测完成点到点的测距，而多球交会述定位实际上就是多点测距，根据所测的距离以基站为圆心，所测距离为半径画圆，多个基站，则能做出多个圆，求解这些圆的交点位置，即可得到信号源的估测位置，完成对信号源的定位，其定位原理如图 6 所示。

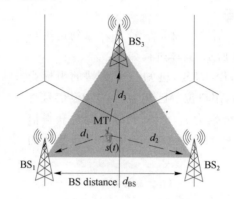

图 6　多圆交会定位原理图

信号源 $S(X,Y)$ 与基站 $i(x_i, y_i)$ 之间满足以下关系

$$(x-x_i)^2 + (y-y_i)^2 = r_i^2, i=(1,2,3,\cdots,n) \tag{8}$$

$r_i = c \times t_i$，将上述公式展开可以得到

$$x^2 + x_i^2 + y^2 + y_i^2 - 2xx_i - 2yy_i = r_i^2, i=(1,2,3,\cdots,n) \tag{9}$$

令 $K_I = x_i^2 + y_i^2$，$R = x^2 + y^2$，则有 $r_i^2 - K_i = R - 2xx_i - 2yy_i$，化为矩阵的形式则有

$$\begin{bmatrix} r_1^2 - K_1 \\ r_2^2 - K_2 \\ \vdots \\ r_n^2 - K_n \end{bmatrix} = \begin{bmatrix} -2x_1 & -2y_1 & 1 \\ -2x_2 & -2y_2 & 1 \\ \vdots & \vdots & \vdots \\ -2x_n & -2y_n & 1 \end{bmatrix} \begin{bmatrix} x \\ y \\ R \end{bmatrix} \tag{10}$$

设 $P = r_i^2 - K_i$，$A = (-2x_i\ -2y_i\ 1)$，$Q = \begin{bmatrix} x \\ y \\ R \end{bmatrix}$，则有 $P = AQ$，

同理可得，基于最小二乘法的信号源 $S(X,Y)$ 的坐标，即 Q，

$$Q = (A^T A)^{-1} A^T P \tag{11}$$

基于多球交会的定位实际上还是基于测距而进行的，基站定位精度主要与以下两个因素密切相关。

(1) 测距误差：基站到用户设备 UE 的测距误差越大，会导致定位误差也越大。

(2) 基站几何分布：基站数目及其相对用户的几何分布，作为定位方程解算的权系矩阵，其元素值越小，对测距精度的影响越小。

进行典型的场景下进行定位时，GDOP 对定位精度的影响很大。几何精度因子 GDOP 是衡量定位精度的很重要的一个系数，GDOP 的值越大，定位精度越差。GDOP 值越小，定位精度越高。在文献[6]中提到，作为一个无量纲的表达式，基站数目为 m，则 TOA 定位

GDOP 值的定义为

$$\text{GDOP} = \frac{\sqrt{T_r(P)}}{\sigma_{aee}}, \sigma_{aee}^2 = \frac{m}{\sum_{i=1}^{m} \sigma_i^{-2}} \quad (12)$$

式中,表示 σ_{aee} 测量误差的方差,σ_i 表示高斯白噪声,$T_r(P)$ 表示定位误差协方差矩阵的迹。

三、仿真分析

1. 性能评估

根据以上模型,用 MATLAB 编程,已知 4 个基站的坐标分别为 A 点坐标为(20,40),B 点坐标为(10,45),C 点坐标为(50,15),D 点坐标为(70,55),信号源位置坐标为(30,45),信号源和基站的位置坐标已定,可以看到在不同的信噪比的条件下,LLS 定位误差如图 7 所示,可以明显地发现,当信噪比在 0~25 dB 之间时,采用最小二乘法进行 TOA 定位的误差趋近于克拉美罗界 CRLB,当信噪比大于 30 dB 后,采用最小二乘法进行 TOA 定位的误差较小且趋向于稳定,但其与克拉美罗下界相差较大。

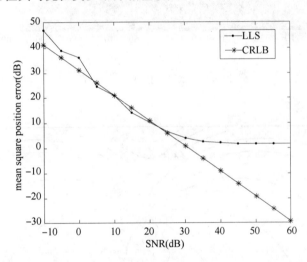

图 7　基于 LLS 算法的 TOA 定位误差与克拉美罗界 CRLB 随信噪比变化的关系

下面将研究基站的分布情况对定位精度的影响,基站的位置分布是随机的但限定了范围,在 x 方向和 y 方向的取值都在 0~100 的范围内。当基站数为 3 时,不同的基站分布情况对 GDOP 取值的影响如图 8 所示,图 8 中用颜色表示了不同的 GDOP 的取值,判断标准在右侧的矩形颜色条中给出,颜色条由下往上,GDOP 值越来越大,对应范围的基站分布情况越来越不理想,结合图 9(跟图 8 相似,只是用了等 GDOP 线来描述,可以明显地看到 GDOP 的数值),基站的分布情况对 GDOP 的数值影响很大,三基站定位时,GDOP 的最小值为 1.2,基站分布在 GDOP 取值为 1.2,即图 8 中深蓝色标注的范围,定位精度最好。

四基站定位时,从图 11 可以明显地看到,GDOP 的最小值为 1.05,基站分布在 GDOP 取值为 1.05,即图 10 中深蓝色标注的范围,定位精度最好。

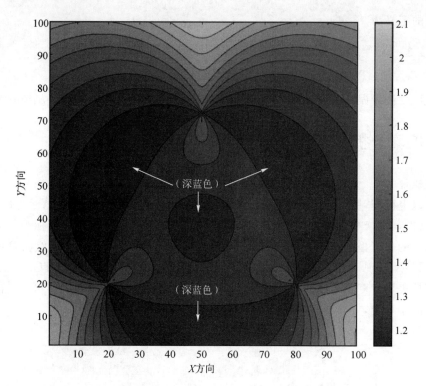

图 8　三基站 GDOP 分布情况

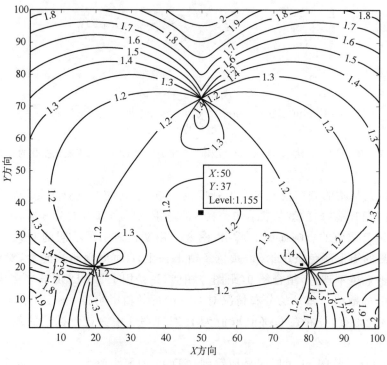

图 9　三基站 GDOP 分布情况

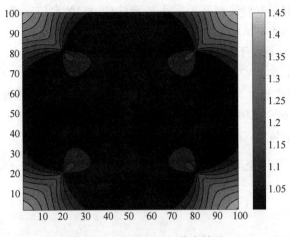

图 10　四基站 GDOP 分布情况

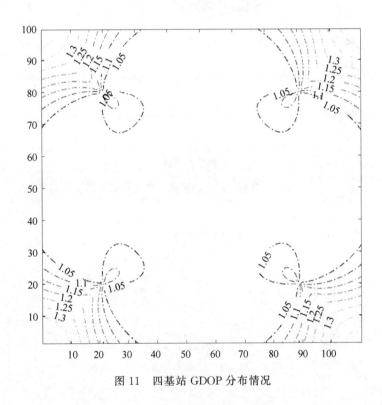

图 11　四基站 GDOP 分布情况

通过上述分析可知,在同等条件下,基站数目越多,GDOP 的取值越小,且最理想的 GDOP 范围越大,定位精度越高,但在实际建设中,考虑到成本与资源利用的问题,基站数目不应过多。

2. 典型场景定位

在 MATLAB 仿真平台设置一个定位场景,假定有五个基站(Node)来定位,基站位置随机,对于基站所处位置范围进行了设置,坐标取值范围在 0～100 m 之间,在二维空间利用最小二乘法仿真结果如图 12 所示,可以看到蓝色的三角形为观测点的位置,绿色的圆表示基站的位置,红色的正方形代表基于最小二乘法的 TOA 定位预测点,可以明显地看到,此时的定位误差为 1.7494 m,设置一个循环,让其循环 100 次,对所得的误差值求平均,发现误差为 2.3302 m,总是小于 10 m。在平面二维定位的基础上,再加上测量大地水准面距信号源和基站的距离,完成空间三维定位,结果如图 13 所示,在图上也标注了定位误差为 10.0682 m,这个误差比较大,同理循环 100 次,对所得误差求平均值得到误差是 3.4885 m,小于 10 m,证明产生这个数值的主要原因是这五个基站空间几何分布不理想,即 GDOP 数值较大,为了提高定位精度,GDOP 的值应尽量小。

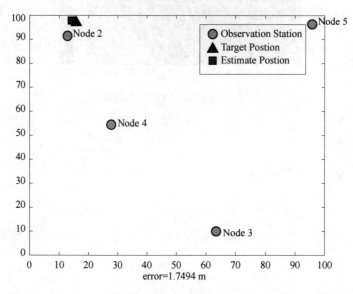

图 12 典型场景下的平面二维定位结果图

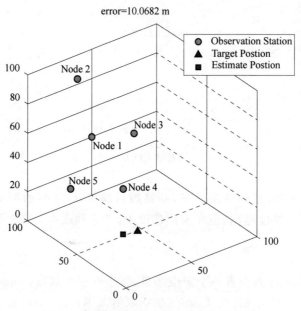

图 13 典型场景下的空间三维定位结果图

四、总结和展望

本文主要从研究分析了基于 5G 的定位技术,并设计仿真实现了基于最小二乘算法的 TOA 量测定位,但仍然存在误差,尤其是在实现空间三维定位时,虽然总体的定位精度低于 10 m,但存在异常数据,造成这个误差的原因是基站分布不是合理,由于时间限制,本文没有进行最优基站分布的估算,后续工作可以围绕这个展开。

当然 TOA 定位技术容易受到非视距传播的影响也是造成定位误差的主要原因,基于测距的无线电定位方法都不能避免这个问题,为了降低非视距传播对定位精度的影响,可以考虑引入迭代的思想进一步提升算法性能,或者使用非测距的方法进行定位。

由于 5G 信号未确定,且经调研发现,5G 新波形都是基于 OFDM 为基础框架设计的,因此本文直接设计使用了 OFDM 信号对其进行了定位,其结果有一定的参考价值,等 5G 信号确定,其性能一定更优,后续可从这方面展开。

基于 5G 通信技术的发展,认为 5G 融合定位可实现且有很大的实用价值,在大规模天线阵列的前提下,可以将 TOA 和 AOA 定位技术进行融合,肯定能够得到更高的定位精度,更甚者是将更多的定位技术融合,取彼之长,消此之短,实现高精度定位。

参考文献

[1]张平,陈昊. 面向 5G 的定位技术研究综述[J]. 北京邮电大学学报,2018,41(5):1-12.

[2]刘琪,冯毅,邱佳慧. 无线定位原理与技术[M]. 北京:人民邮电出版社,2017.

[3]李典锋. LTE 及其演进系统中定位技术的研究:[D]. 北京:北京邮电大学,2018.

[4] Mach P,Becvar Z. Dynamic Power Control Mechanism for Femtocells Based on the Frame Utilization[C]//Internation Conference on Wireless and Mobile Communications. IEEE Computer Society,2010:498-503.

[5]唐维旻. 5G 新空口系统参数设计与研究:[D]. 北京:北京邮电大学,2018.

[6]何小峰. 二维 TOA 定位中的最小 GDOP 问题[J]. 指挥控制与仿真,2014,36(6):52-55.

作者简介

王占蓉,女,本科生,就读于北京信息科技大学信息与通信工程学院通信 1502 班。

葛建,男,现任中国科学院光电研究所正高级工程师。

杨玮,女,博士,讲师,主要研究方向:高速光逻辑、光信号再生、全光加解密等技术。

基于天基物联网的低轨星座设计[①]

袁诗洋[1] 姚媛媛[1] 史雨薇[2]

([1]北京信息科技大学信息与通信工程学院,北京,100101)

([2]中国科学院光电子研究院,北京,100049)

摘　要:目前我国正在进行地基物联网的建设,但是天基物联网拥有更好的覆盖性和传输速率,所以研究天基物联网有很大的价值。现阶段已经有多个国家多个公司开展了低轨卫星(LEO)星座的设计,我国也已经提出了几个低轨卫星星座的建设计划。低轨卫星拥有传输时延低、信息处理能力强、卫星批量生产能力强、可快速部署等特点,低轨星座设计又是决定天基物联网覆盖性、信息传输效率等重要环节,所以设计基于天基物联网的低轨卫星星座慢慢开始兴起。基于天基物联网,本文设计了一种全球覆盖型的 Walker 构型低轨星座,从卫星数目、相位因子、轨道倾角等方面进行分析,按照能够实现全球覆盖的需求,对比不同倾角轨道的覆盖特性,最终确定设计方案,并使用 STK 仿真软件进行覆盖性分析,得出覆盖区域图。

关键词:低轨卫星;天基物联网;星座设计。

Low-orbit constellation design based on space-based Internet of Things

Yuan Shiyang[1]　Yao Yuanyuan[1]　Shi Yuwei[2]

([1]School of Information and Communication Engineering, Beijing Information Science and Technology University,Beijing,100101)

([2]China Academy of Sciences Institute of Optoelectronics,Beijing,100094)

Abstract:At present, China is carrying out the construction of ground-based Internet of Things, but the space-based Internet of Things has better coverage and transmission rate, so the study of space-based Internet of Things has great value. At this stage, several companies in several countries have carried out the design of the LEO constellation. China has also proposed several low-orbit satellite constellation construction plans. Low-orbit satellites have the characteristics of low transmission delay, strong information processing capability, strong satellite batch production capacity, and rapid deployment. Low-orbit constellation design is also an important part of determining space-based IoT coverage and information transmission efficiency. The low-orbit satellite constellation of the Space-Based Internet of Things is slowly emerging. Based on the space-based Internet of Things, this paper designs a global coverage type of Walker low-orbit constellation,

---

[①] 项目来源类别:2019 年北京市大学生科技创新计划项目。
项目资助:北京信息科技大学师资补充与支持计划(5029011103),北京信息科技大学促进高校内涵发展-重点培育项目(5211910926)。

which analyzes the number of satellites, phase factor, orbital inclination, and compares the coverage of different dip orbits according to the requirements of global coverage. Characteristics, finalize the design, and use the STK simulation software for coverage analysis to obtain a coverage map.

Key words: Low-orbit satellite; space-based Internet of Things constellation design.

一、引言

物联网是指通过各种具有信息传感功能的设备,实时采集任何需要监控、连接、互动的物体或过程等各种需要的信息,与互联网结合形成的一个巨大网络。它的目的是实现物与物、物与人、所有的物品与网络的连接,方便识别、管理和控制。近年来,随着物联网中NB-IoT协议的落地,物联网引起了大家的广泛关注,成为了互联网之后的重要发展趋势之一。当前,华为等公司已经开展了地基物联网的建设,正在拓展物联网方面的应用,天地一体物联网建设也成为了本领域中备受关注的热点,相比于地基物联网,天基网络具有站得高、看得远、便于实现全球移动覆盖的优势,而天基物联网系统还尚属于论证初始阶段,具有良好的研究价值。

天基物联网是以空间飞行器为信息传输节点,连通各种各样用于海、陆、空三基的信息系统和终端应用,有机构成的一个分布式,天地一体的综合信息网络。低轨卫星是空间飞行器的一类,具有传输时延低、信息处理能力强、卫星批量生产能力强、可快速部署等特点,因此以低轨卫星星座为基础构建天基物联网络具有很好的前景;低轨星座设计是决定天基物联网覆盖性、信息传输效率、空间轨道资源有效利用率的重要环节,具有重要研究价值。

本论文从天基物联网的设计角度出发,查找资料,与目前工程认证要求相结合,综合分析了现有的低轨星座设计方案,结合星座覆盖性约束要求、重访性、快速部署性、经济适应性约束等,设计出一种基于天基物联网的低轨星座设计方案,然后使用STK仿真软件进行仿真并分析。

二、星座设计

1.星座构型设计与载荷天线角分析

(1)载荷天线角15°×50°情况下的星座构型

本次的星座选型考虑了8~15个轨道面,针对每个轨道面不同卫星数量、不同相位因子的情况,分析了星座的最大重访周期。从表1可见,在星上天线视场角为±60°时,轨道面数量为8能将最大重访时间控制在85分钟左右,而轨道面数量为9/11/13/14/15都能将最大重访时间控制在11分钟。在天线视场角±50°时,11个轨道面以上可以将最大重访时间控制在1小时以内,15个轨道面以上能够控制在半小时以内。从以上的条件可以分析出,考虑最佳的覆盖性能,建议选择15个轨道面,每个轨道面8颗卫星。

表 1　不同轨道面数量下的最大重访时间分析结果

轨道面数量	卫星数量	Walker 星座构型	视场角±60° 最大重访时间/min	视场角±50° 最大重访时间/min
8	64	8-8-0	88	130
8	64	8-8-1	84	130
8	64	8-8-2	85	130
9	72	9-8-0	11	75
9	72	9-8-1	11	70
9	72	9-8-2	11	73
10	80	10-8-0	50	100
10	80	10-8-1	45	95
10	80	10-8-2	47	95
11	88	11-8-0	11	55
11	88	11-8-1	11	57
11	88	11-8-2	11	55
12	96	12-8-0	25	75
12	96	12-8-1	21	70
12	96	12-8-2	23	71
13	104	13-8-0	11	43
13	104	13-8-1	11	37
13	104	13-8-2	11	43
14	112	14-8-0	11	50
14	112	14-8-1	11	47
14	112	14-8-2	11	47
15	120	15-8-0	11	32
15	120	15-8-1	11	29
15	120	15-8-2	11	32

根据下面对 15 种 Walker 星座构型的分析，结合不同构型对应的不同地区的重访时间分布情况，建议 15-8-4 的星座构型，虽然此种构型在半视场角为±50°的最大重访时间不是最短，但其大于 30 min 的区域面积最小，且"一带一路"位于重访时间大于 30 min 的比例最少，因此建议选择此种星座构型方案。

不同相位因子情况的最大重访时间如表 2 所示。

表 2　15 个轨道面时的最大重访时间分析结果

Walker 星座构型	视场角±60° 最大重访时间/min	视场角±50° 最大重访时间/min
15-8-0	11	32
15-8-1	11	29

续表

Walker 星座构型	视场角±60° 最大重访时间/min	视场角±50° 最大重访时间/min
15-8-2	11	32
15-8-3	11	35
15-8-4	11	32
15-8-5	11	33
15-8-6	11	31
15-8-7	11	30
15-8-8	11	30
15-8-9	11	28
15-8-10	11	30
15-8-11	11	26
15-8-12	11	30
15-8-13	11	33
15-8-14	11	28

(2)载荷天线角 50°×50°情况下的星座构型

如果放宽载荷天线角的约束，卫星 DCS 载荷对地面用户的天线张角扩大为俯仰角±50°，滚动角±50°，则可以使覆盖性能有大幅提升。这种情况下，载荷天线对地面用户的覆盖区近似一个方形，如图 1 所示(图中覆盖区在太平洋东岸赤道附近)。

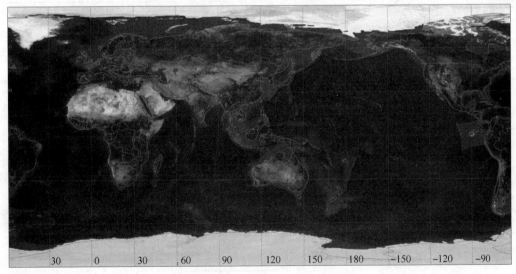

图 1　载荷天线对地面用户的覆盖区

按照全球无缝覆盖的目标进行星座设计，考虑太阳同步轨道 Walker 星座、50°倾角 Waler 星座、85°倾角 Walker 星座三种构型方案，则所需的轨道面数量和单个轨道面内卫星数量如表 3 所示。

表3 轨道面数量和单个轨道面内卫星数量覆盖性能对照表

轨道方案	轨道面数量	单轨卫星数量	覆盖性能
太阳同步轨道方案	12	22	全球无缝覆盖,最大重访时间为0
	12	21	全球漏缝覆盖,最大重访时间0.2分钟
50°倾角	16	22	南北纬58°以内无缝覆盖,最大重访时间为0
	16	21	南北纬58°以内漏缝覆盖,最大重访时间0.2分钟
85°倾角	12	22	全球无缝覆盖,最大重访时间为0
	12	21	全球漏缝覆盖,最大重访时间0.2分钟

由上表可见,在载荷天线角50°×50°情况下,太阳同步轨道与85°倾角轨道的覆盖性能相近,50°倾角轨道的星座则需要增加4个轨道面,并且不能覆盖纬度大于58°的地区。

2. 天线张角与覆盖性能的关系

上述几个章节对几种星上载荷天线张角情况下的星座覆盖性能进行了分析。由于地面关口站选址的约束,星座对地面站的覆盖性能难以实现每个轨道面都连续可见地面站。因此,对地面用户的覆盖性能即使达不到全球无缝覆盖,存在一定的重访时间间隔也是可以接受的,可以根据可接受的重访时间间隔来提出对星上天线的张角要求。

在选用700 km高度太阳同步轨道星座的情况下,采用天线张角与最大重访时间的关系如表4和图2所示。

表4 700 km高度太阳同步轨道星座天线张角与最大重访时间关系

载荷角度/°	最大重访时间/min
50	28.9459
55	5.2191
60	2.4628
62	0
64	0

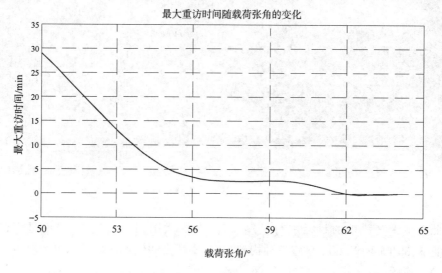

图2 700 km高度太阳同步轨道星座天线张角与最大重访时间关系图

如果选用700 km高度85°倾角轨道的星座,采用天线张角与最大重访时间的关系如表5和图3所示。

表5 700 km高度85°倾角轨道的星座天线张角与最大重访时间的关系

载荷角度/°	最大重访时间/min	备注
50	39.8863	
55	6.6616	
60	2.2353	60颗卫星即可达到
62	0.8704	60颗卫星即可达到
64	0	60颗卫星即可达到

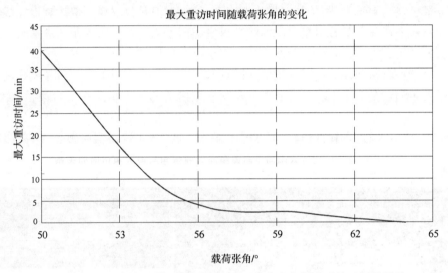

图3 700 km高度85°倾角轨道的星座天线张角与最大重访时间的关系

3. 星座与载荷天线综合优化分析

通过上述的分析,可见星座构型和天线设计均对整个星座的覆盖性能有着重大影响。综合考虑星座部署成本和覆盖性能,主要考虑以下因素。

(1)轨道面数量越少越好,这样可以减少发射次数。

(2)一个轨道面内的卫星数量不少于10颗,以确保星间链路和对地面用户的覆盖性能。

(3)星上载荷天线建议选择张角在±62°左右的正方形覆盖或圆形覆盖天线。

从太阳同步轨道还是85°倾角轨道星座的对比情况可见,太阳同步轨道需要每个轨道面卫星数量多于85°轨道设计。此外,由于太阳引力摄动的影响,太阳同步轨道星座在组网运行时,各轨道面会逐年缓慢漂移,且不同轨道面漂移速率不同,在寿命后期将使得星座轨道面分布不均,影响对地面覆盖性能。85°倾角轨道则是各轨道面整体进动,能够较好地在全寿命期内维持星座构型。但85°倾角轨道不具有太阳同步特性,对卫星电源和热控设计带来较大困难。

综上所述，建议将载荷天线张角设计到±62°×±62°左右，圆形或者正方形覆盖。由于微小卫星双轴 SADA 产品还没有商业货架产品，单独研制则成本过高，同时考虑热控设计约束等总体设计因素，选择太阳同步轨道的星座构型将大大有利于降低卫星研制难度和成本。

4. 星座设计方案

综合以上的分析，本论文设计的低轨卫星星座设计方案选择为轨道高度为 700 km 的太阳同步轨道 Walker 星座构型，共 6 个轨道面，每个轨道面 12 颗卫星的星座方案，根据天线波束设计，选择载荷天线角±65°圆形波束。

三、STK 软件仿真及分析

自卫星出现几十年来，随单颗卫星的性能不断增强，但是仅靠单颗卫星难以完成大区域乃至全球的覆盖任务。随着卫星之间的联系越来越紧密，由多颗卫星协作完成航天任务已经成为卫星应用的主流，因此，一种新型的空间系统"卫星星座"就应运而生了。

结合窄带物联网和导航增强系统的共同点，设计一个既可以对某一固定区域进行实时物联网通信覆盖，又可以对这一固定区域开展一重覆盖的导航星座在现阶段很有意义的。这样可以充分利用站得高、看得远、便于实现全球移动覆盖的优势。

对全球区域范围进行软件仿真，可见绝大部分区域 2～4 颗星实时覆盖在，高纬度区域的最大实时覆盖可以达到 5～10 颗星。

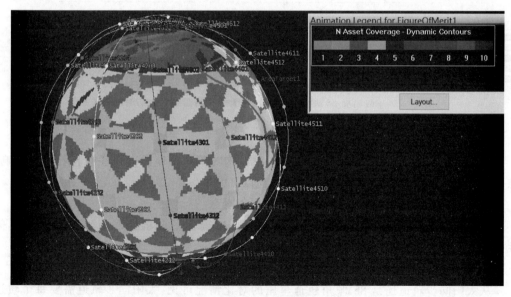

图 4　全球实时多重覆盖图三维图

如图 8 所示，随着纬度地增加，卫星覆盖重数也在不断地增加。

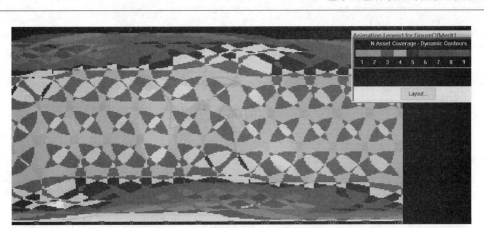

图 5 全球实时多重覆盖二维图

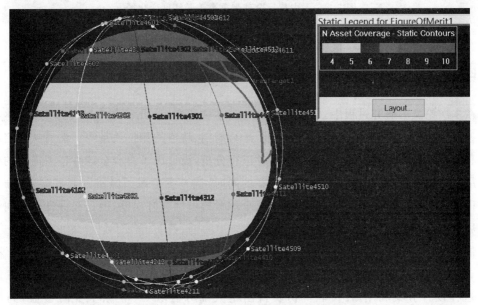

图 6 一天内累计全球多重覆盖三维图

图 7 一天内累计全球多重覆盖二维图

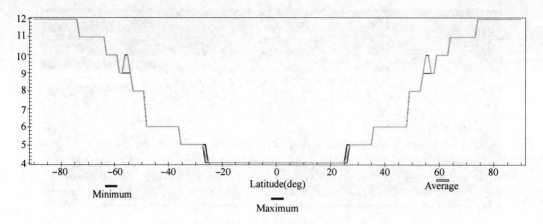

图8 一天内累计全球多重覆盖随纬度变化图

四、总结和展望

在本次论文的研究过程中，分析了卫星的基本轨道类型，几种基本的星座构型，学习了轨道参数包括的内容：轨道类型、轨道高度、运行周期、轨道的相位关系等。然后从固定约束条件和放宽载荷条件对轨道设计、约束条件进行分析，设计出了符合全球性覆盖需求的低轨卫星星座方案。当然，在设计选择星座方案的同时，该方案考虑了经济因素和误差，分析了在保证覆盖特性的情况下成本最低的情况，全球覆盖虽然会有误差，但是在保证了星间链路传输后就不会对整个星座方案覆盖有影响。

最终根据分析得出，星座选择为轨道高度为 700 km 的太阳同步轨道 Walker 星座构型，载荷天线角选择为±65°，共 6 个轨道面，每个轨道面 12 颗卫星的星座方案。随后对这种设计方案利用 STK 软件仿真得出绝大部分区域 2～4 颗星实时覆盖，高纬度区域的最大实时卫星覆盖数量可以达到 5～10 颗星，可见，这种方法在理论上是可以实现的。

在低轨卫星星座领域中，我国已经迈入了迅速发展的轨道中，"行云""虹云"等工程计划相继启动，"风云"卫星也开始服务于"一带一路"区域，前不久的"鸿雁"全球卫星通信星座也开始了建设，我国的卫星事业将发展得会越来越好。

参考文献

[1]基于导航增强的低轨卫星星座设计[A].关梅倩,焦文海,贾小林,王省超,彭腾.第九届中国卫星导航学术年会论文集——S07 卫星导航增强技术[C].2018.

[2]肖永伟,孙晨华,赵伟松.低轨通信星座发展与思考[J].国际太空.2018(11).

[3]刘悦.国外中低轨高通量通信卫星星座发展研究[J].国际太空.2017(5).

[4]计晓彤,丁良辉,钱良,宋涛.全球覆盖低轨卫星星座优化设计研究[J].计算机仿真.2017(9).

[5] Analysis of the Possibility of Design a Global Quantum Telecommunication System Based on LEO

Satellites Without Orbital Adjustments[C]. ALBUL Oleksandr；BABAKOV Mykhaylo. 第三届国际航空科学青年学者学术会议论文集. 国际会议 2018(9).

作者简介

袁诗洋,男,本科生,就读于北京信息科技大学信息与通信工程学院通信1503班。

姚媛媛,女,博士,讲师,主要研究方向:无线能量传输,资源分配,认知无线电等。

史雨薇,女,中国科学院空天信息研究院,工程师,主要研究方向:卫星导航及导航增强技术,曾获得国防科技进步三等奖等多个省部级奖励。

基于集成学习的交通模式识别算法研究与实现

宋云龙[1]　罗海勇[2]

([1] 北京信息科技大学信息与通信工程学院通信工程系,北京 100101)

([2] 中国科学院计算技术研究所,北京,100190)

摘　要:交通模式识别作为情景识别的一个分支,成为一个热门研究领域。准确识别用户出行方式对推动情景识别的发展起着至关重要的作用。部分交通模式识别方法采用了 GPS 与 WiFi 获取原始数据。受外界环境限制,室外收取不到 WiFi 信号或地铁中接收 GPS 信号很弱等情况经常发生,而且手机使用 GPS 需要较高功耗,但手机电池电量有限。为了避免数据采集缺陷,本文提出了一种基于手机轻量级传感器的交通模式识别算法。首先运用智能手机中加速度传感器、陀螺仪传感器、地磁传感器、气压传感器采集各种交通工具原始数据;其次通过时域、统计域和变换域数据特征,并结合 CDF 统计方法和 TSNE 降维可视化方法优化特征集;最后使用特征数据分别训练 Adaboost、XGBoost、SVM 分类器得到交通模式识别模型,三种识别模型识别准确率分别为 96%、97%和 82%。

关键词:交通模式识别;Adaboost;XGBoost;SVM;TSNE。

Research and Implementation of Ensemble learning transportation mode recognition

Song Yunlong　Luo Haiyong

(Department of Communication Engineering, School of Information and Communication Engineering BISTU Beijing 100101 China)

Abstract:Transportation mode recognition is a branch of scene recognition which has become a hot research field. Correctly identifying the transportation modes used by users to travel plays a vital role in promoting the development of scene recognition. Many methods of identification use GPS and WiFi to obtain data. Due to the limitations of the external environment, It often occurs the case frequently that the WiFi signal is not received outdoors or the GPS signal is weak in the subway. The use of GPS by the mobile phone requires higher power consumption, but the battery power of the mobile phone is limited. To avoid data acquisition defects, this paper proposes a transportation mode recognition algorithm which is based on lightweight Sensor for Mobile Phone. Firstly, acceleration sensor, gyroscope sensor, geomagnetic sensor and pressure sensor in smartphones are used to collect traffic pattern data. Secondly, datasets are optimized by the time domain features, statistical domain features and transformation domain features combining with CDF statistical method and TSNE dimensionality reduction visualization method. Finally, traffic pattern recognition models are obtained by training Adaboost, XGBoost and SVM classifiers, and the accuracy of the three recognition models can reach 96%, 97% and 82% respectively;

Keywords:traffic pattern recognition; Adaboost; XGBoost; SVM; TSNE.

一、引言

近年来,由于现代智能手机集成传感器在数量和类别上的增加,使得智能手机计算能力大幅提升。用智能手机对人们使用的交通模式进行感知和服务,已成为交通模式识别领域的研究热点。准确感知用户使用的交通方式可以有效获取用户的出行规律,并可以向用户提供高效的出行路线规划以及服务。因此,对交通模式识别的研究具有一定的理论价值和实用价值。在交通模式识别领域中,获取原始数据的方式主要有以下几种:手机搭载的 GPS 传感器[1]、GPS 与 GIS 相结合[2]、加速度传感器与 GPS 相结合[3]、GSM 和 WiFi 结合[4]。这些方法虽然取得了较好的识别精度,但存在资源消耗量大、在一些复杂环境中识别精度大幅下降等缺陷。使用分类算法方面主要有 K-means 聚类[5]、隐马尔可夫模型[6]等,虽然取得了较高精度,但这些分类器算法存在耗时长、数据需求量大的缺陷。为提高识别精确度和减小环境因素对交通模式识别的影响,本文提出采用手机中多源传感器获取用户的移动数据,然后运用 CDF 统计方法和 TSNE 降维可视化方法进行特征分析,并结合 Adaboost、XGBoost 和 SVM 算法对各种交通模式进行识别。

本文的主要贡献是:

(1)运用智能手机中轻量级传感器采集交通模式数据。

(2)通过在时域、统计域和变换域挖掘数据特征,并结合 CDF 统计方法和 TSNE 降维可视化方法优化特征集。

(3)分别通过训练 Adaboost、XGBoost、SVM 分类器得到交通模式识别模型,并且三种识别模型的准确率分别可以达到 96％、97％和 82％。

二、交通模式识别算法

本文使用 HUAWEI MATE 10 手机搭载的加速度计、陀螺仪、地磁传感器和气压计采集数据,通过数据预处理、特征计算、特征挖掘以及将数据输入分类器进行训练的过程得到整个交通模式识别算法。交通模式识别算法总体流程如图 1 所示。

首先将数据集中重力加速度为 0 的数据和气压值为负的噪声数据去除,并根据标签对数据进行截取,使四种交通模式的数据量相同。其次将数据进行水平、竖直方向分解。然后计算数据的时域特征和变换域特征,并通过 CDF 统计方法和 TSNE 降维可视化方法对每一个特征进行分析和筛选。最后将筛选出的特征拼接成特征矩阵,分别输入 Adaboost、XGBoost、SVM 分类器进行训练。

1. 数据预处理

从手机各个传感器中采集的数据存在不同形式的噪声数据,因此需要对数据进行噪声去除。本文将气压传感器测量值为负的数据全部去除,并将加速度测量值为 0 的数据全部去除。由于移动用户在不同时间采取不同的交通模式,且用户采用各种交通模式的时长各不相同,所以从移动用户手机传感器采集到的数据在四类交通模式上的数据量各不相同。各类交通模式数据量不均衡可能直接导致应用机器学习分类器不准确[7]。因此需对四类交

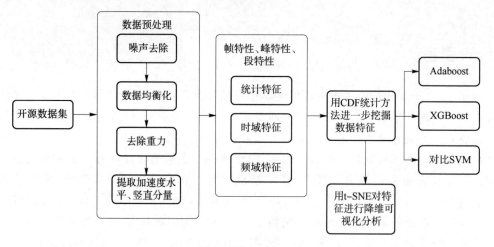

图 1 算法流程图

通模式数据均衡化。

本文运用重力加速度估计算法[8]得到重力加速度 X、Y、Z 三轴分量。重力加速度估计算法如图 2 所示。算法具体执行步骤为:设定滑动窗口大小;如果滑动窗口中加速度均值和待估计重力加速度数值相差较大,需对方差阈值复位。根据方差的大小,采用不同方法进行重力加速度估计。本文在各个连续时段采集到的数据中进行滑动窗口计算,窗口长度为 100 帧,并用 50% 的重叠率进行窗口滑动。通过多次实验对比在不同重力加速度初始值条件下分类器的识别准确率。

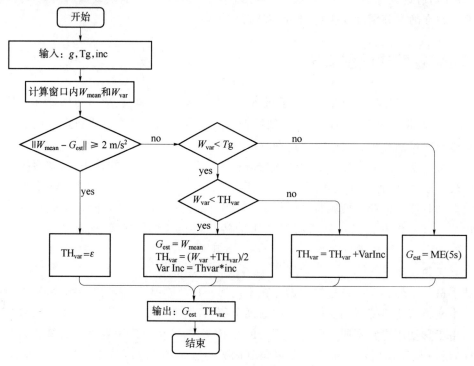

图 2 重力加速度估计流程图

为得到相对精确的加速度测量值,需排除重力加速度对本实验的影响。通过重力加速度估算算法[9]计算各窗口中重力估计值,结合类似施密特正交化分解方法,从原加速度传感器采集的加速度数据中去除重力加速度。具体做法为:根据公式(1),分别用一帧内的加速度测量值 a 减去对应窗口的重力加速度估计值 g,得到加速度 d。通过公式(2)和公式(3)将加速度 d 分别在重力方向和水平方向分解。

$$d = (d_x, d_y, d_z) = (a_x - g_x, a_y - g_y, a_z - g_z) \tag{1}$$

$$p = \left(\frac{d \cdot g}{g \cdot g}\right) \cdot g \tag{2}$$

$$h = d - p \tag{3}$$

2.特征挖掘

本文采用文献[8]中对数据特征挖掘的方法,分别挖掘帧特征、峰特征和段特征。本部分将介绍特征挖掘的方法。

帧特征由数据在各滑动窗口中计算得到,数量在最终的特征数量中占比最大。帧特征数据体现出各种交通模式在每个间隔微小的离散时刻的特点。本文采用文献[8]中的帧特征计算方法,在滑动窗口中对各维度数据分别计算统计特征和变换域特征。帧特征如表1所示。

表 1 帧特征表

统计特征	均值、标准差、方差、中值、最小值、最大值、最大最小值之差、四分差、峰度、偏度、均方根
时域特征	过均值率
变换域特征	FFT 变换 1、2、4、6 Hz 幅值、频谱能量

峰特征计算是指在单个滑动窗口中,对原始数据中包含波峰与波谷的数据段进行特征计算。峰特征的计算方法是:首先需提取单个滑动窗口中各波峰、波谷区间,并在此区间中计算峰值区域面积和峰值区域长度。

段特征是指在单个滑动窗口中对各峰值区域做统计特征计算。段特征计算要用到每段中峰值区域信息,本文选取的段特征是峰值区域出现的频率与峰值区域长度的均值。获得帧特征、峰特征、段特征后需对三种特征向量进行拼接,组成最终输入 Adaboost、XGboost、SVM 分类器的特征向量。

本文提出采用 CDF 统计分析方法对帧特征、峰特征和段特征进行分析和筛选。CDF 又称分布函数,是概率密度函数的积分,可完整描述一个实随机变量 X 的概率分布[10]。在随机变量的取值范围内,公式(4)定义了随机变量 X 的累积分布函数。

$$F_x(x) = P(X \leqslant x) \tag{4}$$

TSNE[13]将数据点间的相似度转换为概率。本文提出运用 TSNE 将高维特征数据降维可视化对比筛选。原始空间中的相似度由高斯联合概率表示,嵌入空间的相似度由"学生 t 分布"表示。TSNE 算法在降维时采用 KL 散度作为高维和低维中各个样本点间的度量函数,当 KL 散度取得最小值时,在低维空间内特征间的距离与位置关系保持高近似度。本文经过特征计算和特征选择后,最终输入分类器的单个数据特征向量维度为 161 维,通过 TSNE 降维到三维空间中的结果如图 3 所示。

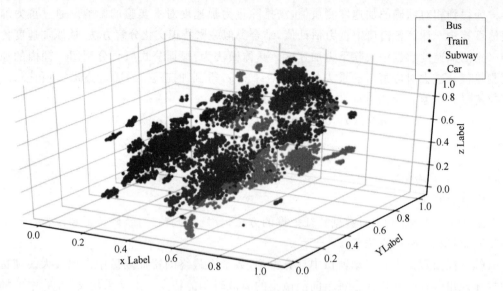

图3 高维特征经 TSNE 降维后的可视化图

3. Adaboost 算法识别交通模式

Adaboost 算法是典型的 Boosting 族算法[7]，Boosting 族算法的工作机制为：首先为训练集中每一数据样本按照均匀分布设定初始权重，然后用初始权重和训练集样本训练出弱学习器1，根据弱学习器的分类误差率公式(4)计算弱分类器1在所有弱分类器决策中所占权值比例，如公式(5)所示。此外，还需更新每一训练样本的权重，使经过弱学习器1训练后被误分类的训练样本权重增大。权重更新如公式(6)所示。基于调整权重后的训练样本训练弱学习器2，如此重复进行，直到弱学习器数量达到事先指定的数 M[11]。最终将 M 个弱学习器通过符号函数实现 M 个基本学习器的加权表决。Adaboost 二分类器最终决策范式如公式(7)所示。

$$e_m = P(G_m(x_i) \neq y_i) = \sum_{i=1}^{N} w_{mi} I(G_m(x_i) \neq y_i) \tag{5}$$

$$\alpha_m = \frac{1}{2} \log \frac{1-e_m}{e_m} \tag{6}$$

$$w_{m+1,i} = \frac{w_{mi}}{Z_m} \exp(-\alpha_m y_i G_m(x_i)), i=1,2,\cdots,N \tag{7}$$

$$G(x) = \mathrm{sign}(f(x)) = \mathrm{sign}\Big(\sum_{m=1}^{M} \alpha_m G_m(x)\Big) \tag{8}$$

运用 Adaboost 分类器对交通模式数据进行10折交叉验证时，将20000行161列的特征矩阵整体输入 Adaboost 分类器训练，本文设置的决策树个数为100个，每颗决策树的叶子节点个数是10个，并且节点分裂次数不超过10次。

4. XGBoost 算法识别交通模式

XGBoost 算法是 GBDT 算法的高效实现版本[12]。GBDT 算法通过计算回归拟合残差生成新的基学习器，并计算最优的叠加权重值。XGBoost 在 GBDT 算法基础上，在代价函数中增设正则项，用于控制模型复杂度。正则项包含树的叶子节点个数以及每个叶子节点输出的代价函数的二阶泰勒近似函数的模值平方和,如公式(8)所示。XGboost 算法的每个基学习器都是 CART 树[10]。CART 树通过基尼系数选取分裂节点的位置,如公式(9)所示,将基尼系数取得最小值时对应的特征和特征阈值作为划分依据,并将训练集中所有样本划分到该节点的两个子节点中。

$$\text{score} = \max\left(\text{score}, \frac{G_L^2}{H_L+\lambda} + \frac{G_R^2}{H_R+\lambda} - \frac{G^2}{H+\lambda}\right) \quad (9)$$

$$\text{Gini}(p) = \sum_{k=1}^{K} p_k(1-p_k) = 1 - \sum_{k=1}^{K} p_k^2 \quad (10)$$

本文设定 XGBoost 分类器单个决策树最大叶子节点数为 15,节点分裂次数最大为 20,决策树个数为 100 个,依据各交通模式特征和特征阈值完成每个决策树所有节点的分裂。实验中由于一些特征向量的特征值非常小,在计算 score 时会出现取值无穷大的现象。为解决上述问题,本文对所有无缺失特征的样本按照升序或者降序进行排列的方法,并将有缺失特征的数据样本分配到右子树或者左子树中。使得在计算 score 时可以只用无缺失值的叶子节点进行计算,从而有效避免缺失值带来的实验误差。

5. SVM 算法识别交通模式

为探究上述两个集成学习算法相对于传统浅层模型在性能和识别精确度上的差异性,本文采用 SVM 分类器作为对比算法进行探究。SVM[11]是一种二分类模型,它的基本模型是定义在特征空间上的间隔最大的线性分类器。支持向量机原问题算法如公式(11)所示。算法主要思想是训练集样本均按要求分类的同时,分类间隔取得最大化。

$$\begin{aligned}&\min_{w,b,\xi}\frac{1}{2}\|w\|^2 + C\sum_{i=1}^{N}\xi_i \\ &\text{s. t. } y_i(w \cdot x_i + b) \geqslant 1-\xi_i, i=1,2,3,\cdots,N \\ &\xi_i \geqslant 0, i=1,2,3,\cdots,N\end{aligned} \quad (11)$$

将交通数据特征矩阵中的所有特征向量分别两两相乘并相加,构造凸二次规划式[10]。各个样本的超参数在本实验初始时采用均匀分布的概率设定,惩罚参数 C 设定为 0.6。误分类系数设定为 0.4。采用高斯核函数将 161 维特征向量映射至 161×161 维空间中进行训练。在与特征数量相同的欧式空间环境下,SVM 分类器在训练过程中采用"一对一"的方式构建 6 个二分类器对四种交通方式两两组合进行识别。

三、交通模式识别算法仿真结果分析

本文基于 PC 进行仿真,PC 配置是 x64 处理器,Windows 10 操作系统,处理器型号为 Intel(R) Core(TM) i7-8700K CPU @ 3.70GHz 3.7GHz,内存 16.0 GB。实验平台基于 Pycharm 2019.1.2 搭建交通模式算法框架。

本文使用的原始数据集是利用 HUAWEI MATE 10 手机搭载的加速度传感器、气压传感器、地磁传感器和陀螺仪传感器采集得到。数据采集频率为 100 Hz。最终生成特征向量大小为 161 维。数据集中四种交通模式数据量如表 2 所示。将数据集按照十折交叉验证的方法划分训练集和交叉验证集,训练各个分类器并预测验证数据。

表 2　数据集

Mode	数据量
Subway	2478
Train	2492
Bus	2556
Car	2486

本文对 Adaboost 分类器、XGBoost 分类器和 SVM 分类器的各项度量指标进行实验对比。为了消除分类器差异之外的因素带来的影响，本部分实验均在数据预处理中加入了特征归一化操作。三种集成学习分类器的输入训练集大小均为 18000，验证集大小为 2000，采用 10 折交叉验证的方式，最终计算得到 10 折的平均精确度。本文对四种交通模式的识别精确度分别进行统计，Adaboost、XGBoost 和 SVM 分类器在四种交通模式中的 F1 参数的度量实验结果分别如图 4、图 5、图 6 所示，三种分类器算法在四种交通模式上的最终识别精确度曲线如图 7 所示。从图 4～图 7 中可以看出在数量相同的训练集和测试集条件下，Adaboost 分类器在四种交通模式上的精确度均小于 XGBoost 分类器在四种交通模式上的精确度，并且对于地铁、公交车和小汽车上的精确度差异在 0.003 到 0.004 之间，而对于火车，两种分类器的精确度差异超过了 0.01。所以 Adaboost 分类器在本实验数据集上的鲁棒性没有 XGBoost 的鲁棒性强。从图 7 中可以清晰地看到 SVM 在四种交通模式上的精确度平均在 0.8 到 0.85 之间，与两种集成学习算法的精确度相比，SVM 的精确度没有两种集成学习分类器的精确度高，仅有 80% 左右。图 8～图 10 分别为 Adaboost、XGBoost、SVM 分类器的测试集预测结果混淆矩阵，从图中可以看出 SVM 对四种交通模式误分类样本较多，在交叉验证集中有将近三分之一的地铁数据被误分类为了公交车，并且有 200 个火车数据被

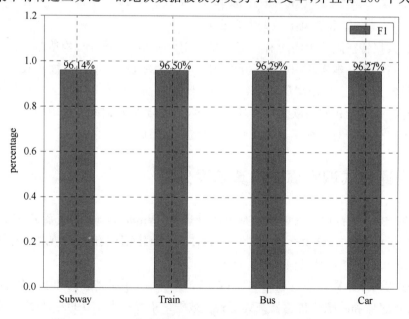

图 4　Adaboost 分类器在四种交通模式上的 F1 参数柱状图

误分类为其他交通模式类别。经过 Adaboost 预测后的交叉验证集中有 10% 的地铁数据被误分类为火车。XGBoost 在火车两种交通模式上预测结果比其他交通模式好，仅有 3 个火车模式的数据被误分类。

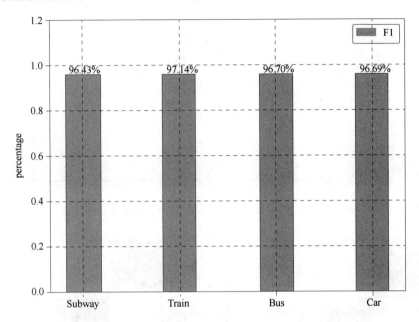

图 5　XGBoost 分类器在四种交通模式上的 F1 参数柱状图

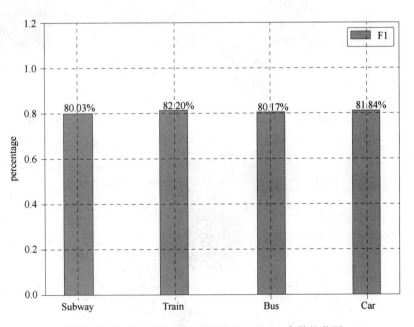

图 6　SVM 分类器在四种交通模式上的 F1 参数柱状图

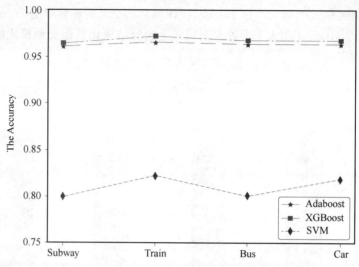

图 7 SVM、Adaboost、XGBoost 算法的识别精确度折线图

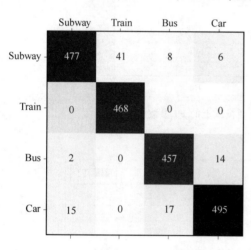

图 8 Adaboost 分类器测试集的混淆矩阵

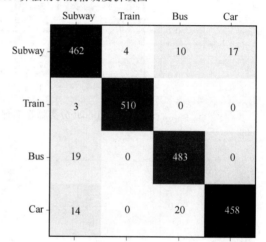

图 9 XGBoost 分类器测试集的混淆矩阵

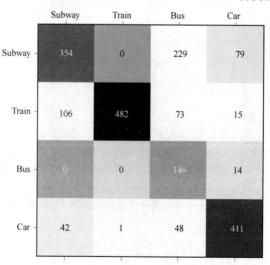

图 10 SVM 分类器测试集的混淆矩阵

四、结束语

本文采用手机上搭载的传感器进行数据采集,通过将采集得到的数据依次通过数据预处理、特征计算与特征分析、输入各种分类器模型中训练的过程,对火车、地铁、公交车、小汽车这四种交通模式进行识别与分类。本文首先采用统计方法、变换域方法从原始数据集中计算得到了本实验所要用到的特征,并通过 CDF 统计方法和 TSNE 降维可视化方法对特征进行分析与筛选。其次,分别应用了 Adaboost、XGBoost、SVM 进行了分类识别实验,采用了当今比较火热的机器学习库 sklearn,识别准确率整体在 80% 以上。最后本文对三种算法进行了对比,并发现 XGBoost 是三种算法中最适合本实验数据集的算法。

参考文献

[1] Zheng Y, Liu L, Wang L, et al. Learning transportation mode from raw gps data for geographic applications on the web[C]. //Proceedings of the 17th international conference on World Wide Web. ACM, 2008: 247-256.

[2] Troped P J, Oliveira M S, Matthews C E, et al. Prediction of activity mode with global positioning system and accelerometer data[J]. Medicine and science in sports and exercise, 2008, 40(5): 972-978.

[3] Wang H, Calabrese F, Di Lorenzo G, et al. Transportation mode inference from anonymized and aggregated mobile phone call detail records[C]. //13th International IEEE Conference on Intelligent Transportation Systems. IEEE, 2010: 318-323.

[4] Xu D, Song G, Gao P, et al. Transportation modes identification from mobile phone data using probabilistic models[C]. //International Conference on Advanced Data Mining and Applications. Springer, Berlin, Heidelberg, 2011: 359-371.

[5] Hemminki S, Nurmi P, Tarkoma S. Accelerometer-based transportation mode detection on smartphones[C]. //Proceedings of the 11th ACM conference on embedded networked sensor systems. ACM, 2013: 13.

[6] Zheng Y, Li Q, Chen Y, et al. Understanding mobility based on GPS data[C]. //Proceedings of the 10th international conference on Ubiquitous computing. ACM, 2008: 312-321.

[7] 周志华. 机器学习[M]. 北京:清华大学出版社, 2016: 121-196.

[8] Mizell D. Using gravity to estimate accelerometer orientation[C]. //null. IEEE, 2003: 252.

[9] Leppänen J, Eronen A. Accelerometer-based activity recognition on a mobile phone using cepstral features and quantized gmms[C]. //2013 IEEE international conference on acoustics, speech and signal processing. IEEE, 2013: 3487-3491.

[10] 李航. 统计学习方法[M]. 北京:清华大学出版社, 2012: 95-154.

[11] Goodfellow I, Bengio Y, Courville A. Deep learning[M]. MIT press: Bardon, 2016: 46-58.

[12] Chen T, Guestrin C. Xgboost: A scalable tree boosting system[C]. //Proceedings of the 22nd acm sigkdd international conference on knowledge discovery and data mining. ACM, 2016: 785-794.

[13] Rauber P E, Falcão A X, Telea A C. Visualizing time-dependent data using dynamic t-SNE[C]. //Proceedings of the Eurographics/IEEE VGTC Conference on Visualization: Short Papers. Eurographics Association, 2016: 73-77.

作者简介

宋云龙,男,北京人,本科就读于北京信息科技大学信息与通信工程学院。

罗海勇,博士,中国科学院计算技术研究所副研究员,硕士生导师。

基于 CNN 的交通模式识别仿真及 Android 平台实现

王佳奇[1]　罗海勇[2]

([1] 北京信息科技大学通信工程系,北京 100101)
([2] 中国科学院计算机技术研究所,北京,100190)

摘　要:近年来,对交通模式进行识别成为研究热点,常见交通模式有步行、静止、开车、火车、地铁、公交等。通过识别用户出行时的交通模式,可以分析用户特点并提供相应的推送服务,为用户提供丰富路况和出行信息。交通模式识别往往会遇到功耗高、精度不理想等问题,为了解决这些问题,我们提出了一种基于卷积神经网络(CNN)识别交通模式的方法。该方法利用手机中轻量级传感器采集数据,首先手工提取数据浅特征,再使用 CNN 提取浅特征数据的深层特征,测试准确率达到 90%。最后将 CNN 模型移植到了安卓平台。

关键词:交通模式识别;卷积神经网络;传感器;Android;特征。

Transportation Mode Recognition Simulation And Android Platform Implementation Based On CNN

Wang Jiaqi　Luo Haiyong

(Department of communications engineering, School of Information And Communication Engineering BISTU, Beijing 100101, China)

Abstract: In recent years, transportation mode recognition has become a research hotspot. Common transportation modes include walking, stationary, driving, train, subway, bus. By identifying transportation mode of users when they travel, users' characteristics can be analyzed and corresponding push services can be provided to provide users with rich road conditions and travel information. Transportation mode recognition often encounters problems such as high power consumption and unsatisfactory accuracy. To solve these problems, we propose a method based on convolutional neural network (CNN) to identify transportation modes. This method uses the lightweight sensor in the mobile phone to collect data. Firstly, the shallow features of the data are extracted manually, and then the deep features of the shallow features are extracted by CNN. The test accuracy reaches 90%. Finally, we ported the CNN model to android platform.

Key words: Transportation mode recognition; Convolutional neural network; The sensor; Android; Characteristics.

一、引言

近年来,随着智能手机集成传感器数量的增加,使用智能手机识别用户出行方式并提供智能服务成为研究热点[1]。利用手机传感器准确感知用户交通模式不仅有助于准确获取用户移动规律,而且可以利用用户交通模式信息调整城市规划[2]。该研究的成果已经初步在部分智能手机上体现出来,例如用户开车经常经过某个位置,可以在该位置提供相应的业务推送。

目前采集交通模式数据主要使用 GPS 传感器,并使用传统机器学习算法(如 Adaboost、XGBOOST、SVM 等)对交通模式进行识别。使用 GPS 收集的定位数据更加精确、内容更加丰富,但却存在不足:GPS 接收器的功耗较高,且容易受到周围磁场干扰。采用传统的机器学习算法实现简单,但不能对输入的特征数据提取更深层的特征[3],因此训练好的模型识别准确率并不是很理想。本文使用加速度、陀螺仪、地磁、气压等轻量级传感进行交通模式识别,具有功耗低、不受环境限制的特点;使用 CNN,利用其卷积层、池化层对特征数据提取更深层的特征,提高识别精度[4]。

本文的主要贡献是:

(1)通过手机轻量级传感器采集交通模式数据,包括加速度、陀螺仪、地磁、气压传感器,达到低功耗并且不受信号好坏影响的效果。

(2)通过提取、挖掘传感器数据的时域、频域、统计三方面特征,手工提取特征集,获得浅特征数据。

(3)将浅特征数据输入到搭建好的 CNN,提取深层特征,训练好的 CNN 模型识别准确率可达到 90%。

(4)使用 Tensorflow Mobile 将 CNN 模型移植到安卓平台,开发交通模式识别手机 App,创新性的在安卓手机上使用 CNN 识别交通模式。

二、相关工作

近年来,很多学者从各种角度对交通模式识别进行了一些研究。Yuzheng 等人[5]使用 GPS 传感器提取特征识别汽车、步行、公交车、自行车四种交通模式。作者使用一种基于监督学习的方法对四种交通模式进行识别,使用基于变点的分割方法和基于决策树的推理模型以及基于图像的后处理算法,达到了 75% 的预测精度。这种方法的弊端是使用 GPS 信号容易受到干扰,例如在深山中或者强磁场附近,GPS 信号会比较弱。

为了解决 GPS 功耗问题,Nick 等人[6]使用智能手机中的加速度传感器对用户走路、汽车、火车三种交通模式进行识别和分类。作者从加速度传感器数据中提取特征数据,使用朴素贝叶斯分类器和支持向量机(SVM)训练模型,研究结果表明,只要预处理方法正确,两种分类器都能很好地解决分类任务。作者的研究中支持向量机的性能优于朴素贝叶斯,分类精度可达 97%。

Samuli Hemminki 等人[7]同样使用加速度传感器识别交通模式的,作者的主要贡献是采用一种新的估算加速度传感器数据中重力分量的方法,提取了一组新的加速度传感器特征。作者研究结果表明,与现有的基于加速度传感器的交通模式识别方法相比,该方法能够将交通模式识别准确率提高 20% 以上,同时能提高识别的泛化性和鲁棒性。该研究使用隐马尔可夫模型与 Adaboost 分类器对静止、公交车、步行、火车等的交通模式进行分类,达到 80.1% 左右的准确率。

现有的交通模式识别方法大多采用单一传感器,比如 GPS 或加速度传感器,使用均值、方差等统计特征,FFT 等频域特征作为数据的特征集,但这些特征都属于浅层特征,会导致识别精度受限,并且单一传感器容易受到信号、手机姿态等因素产生的噪声所影响。因此,本文提出的识别方法使用加速度、地磁、陀螺仪、气压四个传感器数据,在提取时域、频域、统计域的浅层特征后,再使用 CNN 提取深层特征,达到了 90% 的准确率。

三、交通模式识别算法

本文中使用的基于 CNN 识别交通模式的方法如图 1 所示,初始数据集为上文提及的四种轻量级传感器数据,包含行走、静止、汽车、公交、地铁、火车六种模式。将数据以 4∶1 的比例分成训练、测试数据,首先对数据进行预处理,并且去除手机自身重力对加速度传感器造成的影响;其次将经过预处理的数据进行特征提取,本方法对各传感器及其各轴分量提取了时域、频域、统计特征共数十个;最后使用训练数据提取的特征数据输入卷积神经网络模型,其分类器输出与预测标签对比,逐步更新模型各参数,测试数据提取的特征数据不参与训练,待训练集的特征数据将模型参数更新完毕后,将测试集特征数据输入模型,获得测试准确率。

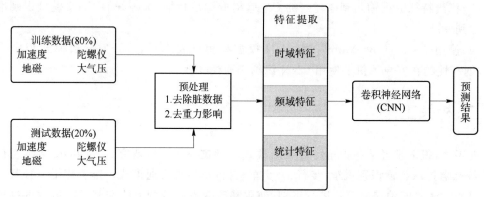

图 1　交通模式识别算法结构

1. 数据预处理

传感器采集的数据一般包含脏数据,脏数据包括值为 0 的数据,气压为负的数据,非静止模式中混杂的静止模式数据等,数据与处理的第一步就是去除脏数据。此外,由于移动设备在测量过程中存在重力作用、用户身体活动等干扰源,加速度测量结果往往不能很好地反映移动设备当前所进行的真实的运动行为,如图 2 所示。数据预处理的最主要目的是去除加速度数据中的重力信息,并由此计算出加速度的水平分量和竖直分量。本文采用 Hemminki 提出的重力估计算法计算重力,采用 Mizell 提出的重力分解算法计算加速度水平、竖直分量。

图 2 智能设备加速度坐标系示意图

2.特征提取

原始数据中部分数据区分度较小,如果直接用 CNN 对其提取深层特征不会有很好的效果,因此在输入到 CNN 之前,需要提取传感器数据的浅层特征。本文提出了一种提取传感器浅层特征的方法,称为帧特征;提取特征时使用滑动窗口方法,每个窗口包含 100 行数据,作为一帧数据,Android 手机传感器设置的采样率为 50 Hz,因此每一帧对应 2 s 数据,采用滑动窗口使数据具有 50% 的重叠率,也就是 1 s 数据,这种方法可以增强数据的连续性,减少系统延迟。

本方法提取了传感器数据时域特征、频域特征、统计特征共 20 余个,如表 1 所示。特征提取步骤对计算水平加速度、竖直加速度、陀螺仪 x、y、z 轴,地磁传感器 x、y、z 轴,气压值,共 9 列数据求帧特征;每列数据都计算均值、方差、标准差、中位数、最小值、最大值、最小值最大值之差、四分位差、峰度、偏度、积分、过均值率、自相关、谱能量、FFT1、2、3、4、5、6 Hz,共 20 个特征,9 列数据共计 180 列特征。

表 1 提取的特征列表

传感器	类别	特征
加速度传感器 地磁传感器 陀螺仪 气压传感器	时域特征	积分、自相关、过均值率
	频域特征	FFT 1 Hz,FFT 2 Hz,FFT 3 Hz,FFT 4 Hz,FFT 5 Hz,FFT 6 Hz,谱能量
	统计特征	均值、方差、标准差、中位数、最小值、最大值、最大值最小值之差、四分位差、峰度、偏度

3.搭建并训练 CNN

本方法使用的 CNN 模型如图 3 所示,模型的输入是传感器的 180 个特征数据,为了能将数据用于 CNN 中,本方法将其输入形状改变为类比图片;第一个卷积层和第二个卷积层均使用尺寸为卷积核,以及 relu 激活函数,其中第一个卷积层使用 32 个卷积核,第二个卷积层使用 62 个卷积核;池化层位于两个卷积层中间,池化层使用最大池化。全连接部分有三层全连接隐层,分别设置为 128、256、512 个神经元;模型使用 categorical_crossentropy 损失函数(交叉熵损失函数),使用 lr 为 0.001 的 Adam 优化器。

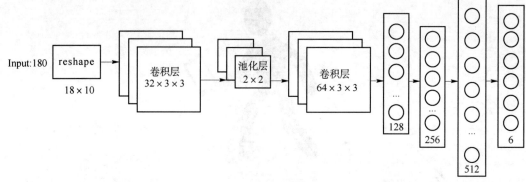

图 3 CNN 结构

本文共选取特征数据样本 7500 个,首先对其进行标准化以及混洗;其次将 6000 个样本设为训练集,将 1500 个样本作为验证集,设置 80 个 epoch,每个 epoch 训练结束后用测试集检测模型好坏。

4. 仿真结果分析

本文使用的 CNN 模型由两层卷积层,一层池化层,三层全连接层构成,使用了 relu 激活函数、Dropout、Softmax 等优化方法,并使用 keras 框架尝试了全连接层很多超参数,最终模型训练过程中训练集、测试集的准确率和 loss 如图 4 所示。训练共设置 80 个 epoch,数据训练集、测试集的 loss 在 20 个 epoch 后下降到 0.2 左右;CNN 模型拟合得非常快,从图 4 中可以看出大概 10 个 epoch 后模型基本拟合,训练集、测试集准确率稳定在 90% 左右,并且由于模型中使用了 Dropout,模型没有出现过拟合的问题。

80 个 epoch 后打印的混淆矩阵如图 5 所示,从混淆矩阵中可以看出火车模式识别正确的样本最多,但这并不能说明火车识别情况最佳,实际情况为地铁、汽车、静止都时容易被判断为火车,可能是火车模式原始数据集有问题[8],后续可以重新采集进行再次测试。在手机 App 中也发现偶尔会将实时模式误判为火车。

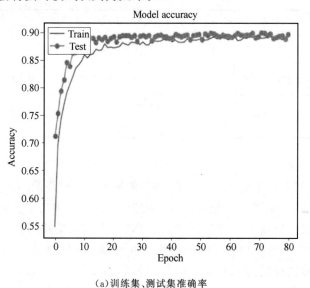

(a)训练集、测试集准确率

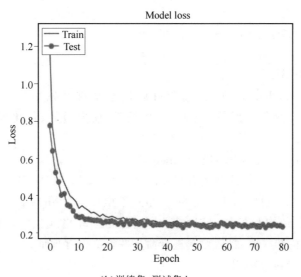

(b)训练集、测试集 loss

图 4　模型训练过程评价指标

	still	walk	surbway	train	bus	car
still	1 067	0	0	0	0	0
walk	4	1 236	0	0	3	0
surbway	0	0	1 028	0	4	3
train	178	13	220	1 249	147	200
bus	1	1	2	1	1 094	1
car	0	0	0	0	2	1 046

图 5　混淆矩阵

表 2 中记录了模型训练后各个交通模式的精确率、召回率和 f1-score。精确率体现模型对错误样本的区分能力,召回率体现对正确样本区分能力,F1-score 体现模型稳健性。从表格中可以看出行走,地铁的精度最高,即地铁模式对错误样本区分能力强,但召回率较低使其对正确样本区分能力较差;行走模式的 F1-score 数值最高,稳定性最好,地铁稳定性最差。

表 2　模型评价指标

	静止	行走	火车	地铁	公交	汽车
精确率	83.7%	98.9%	82.1%	99.9%	87.2%	83.8%
召回率	100%	97.9%	99.1%	62.3%	99.0%	99.9%
F1-score	91.1%	98.3%	89.9%	76.7%	92.7%	91.1%

四、将 CNN 模型移植至安卓平台

(1)保存 keras 模型

keras 框架中的 model.save() 函数[9]可以把整个神经网络模型保存成 h5 格式文件,文件中包含 CNN 模型的结构、权重、训练配置(损失函数、优化器等)以及优化器的状态。

(2)将 keras 的 h5 格式模型转换为 tensorflow 的 pb 格式

因为 Tensorflow 的 pb 格式模型有很强的适用性,使用 Tensorflow Mobile 库可以将其配置于 Android Studio 项目中,所以需要 h5 格式模型转换为 pb 格式。首先需要读取 h5 格式 CNN 模型的网络结构和权值,接着建立一个新的 pb 格式模型,写入读取的 h5 格式 CNN 模型的网络结构和权值,最后对其进行命名并定义保存地址。

(3)添加 Tensorflow Mobile 库

TensorFlow Mobile 是针对移动设备而开发的库,需要在 Android Studio 工程的 build.gradle 文件添加 TensorFlow Mobile 依赖库,添加完成后 IDE 会自动下载相关库到工程中。

(4)导入模型和标签

创建一个 json 格式的文件用于存储待识别的交通模式的标签,将标签文件与 pb 格式 CNN 模型导入 Android Studio 项目的资源文件夹中。

(5)预测函数

预测函数的伪代码如表 3 所示,函数的输入是一个 180 位的 float 类型一维数组,存储当前窗口各个传感器的 160 个特征数据,即 CNN 的输入。首先定义 Tensorflow 的接口变量 tf,步骤主要分为三步:输入、运行、输出:使用 tf.feed 接口完成将特征数据输入 CNN 的 pb 格式的模型输入接口;使用 tf.run 接口运行神经网络,运行结果输出到卷积神经网络模型的输出接口;使用 tf.fetch 接口获取卷积神经网络模型返回的预测结果,取出输出接口的预测结果,保存到数组 PREDICTIONS 中。

表 3 预测函数伪代码

```
public void predict(float[] input)
TensorFlowInferenceInterface tf
tf.feed(INPUT_NAME,input,…dims:1,16,10,1);
tf.run(new String[]{OUTPUT_NAME});
tf.fetch(OUTPUT_NAME,PREDICTIONS);
for(int i = 0;i < PREDICTIONS.length;i++)
    if (PREDICTIONS[i]> 0){
        class_index = i
    }
}
return class_index
```

五、安卓平台交通模式识别 App 开发

　　App 运行流程如图 6 所示，主要分为数据采集模块、特征计算模块、预测模块、统计模块和显示模块。数据采集模块负责采集传感器数据并进行处理，保存数据；特征计算模块实现步骤与上文数据预处理、特征提取部分算法相似，特征模块的作用是将采集到的数据进行预处理，并提取时域、频域和统计特征，以便传入 CNN 模型；预测模块是在计算机上训练好，并由移植 Tensorflow Mobile 移植到 App 中的 CNN 模型，将提取的特征数据传入 CNN 模型可以得到当前交通模式判断结果；显示模块可以将识别出的结果显示在当前页面上，App 运行时的截图如图 7 所示。

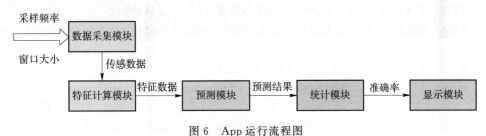

图 6　App 运行流程图

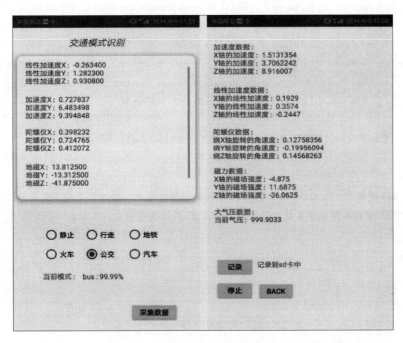

图 7　交通模式识别 App 界面截图

六、结束语

本文提出了一种新的交通模式识别方法，使用 CNN 对交通模式帧特征数据分类，在对传感器数据进行初步浅特征提取之后使用 CNN 架构自动学习深度特征。大量实验结果表明，该方法可以达到 90％ 的平均精度，所提出的模型准确且稳健，适用于运输模式识别。使用 Tensorflow Mobile 可以将训练好的 CNN 模型移植到安卓平台，实时识别交通模式效果良好。

参考文献

[1] 肖艳丽. 基于移动数据用户行为挖掘及相似性计算方法[D]. 新疆大学，2015.

[2] 肖艳丽，张振宇，杨文忠. 移动数据的交通出行方式识别方法[J]. 智能系统学报，2014，9(05)：536-543.

[3] 龚彦云. 基于深度学习的出行模式识别技术研究[D]. 北京邮电大学，2018.

[4] Yanjun Q, Mengling J, Weichao Y, et al. Transportation mode recognition algorithm based on Bayesian voting[C]//2017 5th International Conference on Enterprise Systems (ES). IEEE, 2017：260-269.

[5] Yu Zheng, Yukun Chen, Quannan Li, Xing Xie, Wei-Ying Ma. Understanding transportation modes based on GPS data for web applications[J]. ACM Transactions on the Web (TWEB)，2010，4(1)：1-36.

[6] Nick T, Coersmeier E, Geldmacher J, et al. Classifying means of transportation using mobile sensor data.[C]// International Joint Conference on Neural Networks. IEEE, 2010：1-6.

[7] Hemminki S, Nurmi P, Tarkoma S. Accelerometer-based transportation mode detection on smartphones[C]// Acm Conference on Embedded Networked Sensor Systems. ACM, 2013：13.

[8] 孔英会，景美丽. 基于混淆矩阵和集成学习的分类方法研究[J]. 计算机工程与科学，2012，34(6)：111-117.

[9] Keras：The Python Deep Learning library[OL]. https://keras.io/，2017.

作者简介

王佳奇，1997 年出生，男，北京人，大学四年级，就读于北京信息科技大学通信工程专业

罗海勇，博士，中国科学院计算技术研究所副研究员，硕士生导师。

基于 Adaboost 的交通模式识别 Android 平台 App 软件设计及实现

张迪[1]　罗海勇[2]

（[1] 北京信息科技大学信息与通信工程，北京 100101）
（[2] 中国科学院计算技术研究所，北京，100190）

摘　要：交通模式识别在许多领域起到至关重要的作用，了解用户的常用出行路线及交通方式，分析出城市里的繁华地段和高频使用路线，可以相对应进一步设置公共交通工具，缓解道路压力，提高人们的出行工作效率，为人们提供更优质的生活。因此，本文将设计一款交通模式识别 App 软件，通过手机的便携性推广到广大用户群体中。收集数据并分析出用户的交通出行模式，为城市规划等项目提供数据信息基础。

关键词：交通模式识别；传感器；数据采集；Adaboost；Android。

Design and Implementation of Android Platform App Software Based on Adaboost for Traffic Pattern Recognition

Zhang Di　Luo Haiyong

(Information and Communication Engineering,
BISTU, Beijing 100101, China)

Abstract: Traffic pattern recognition plays a vital role in many fields. Understanding the common travel routes and modes of transportation of users, analyzing the prosperous areas and high-frequency use routes in the city. We can further set up public transport and ease road pressure. It can improve people's travel efficiency and provide people with a better life. Therefore, this paper will design a traffic pattern recognition App software, which will be extended to the user groups through the portability of mobile phones. It can collect data and analyze the user's transportation mode to provide data information basis for projects such as urban planning.

Key words: traffic pattern recognition; sensor; data acquisition; Adaboost; Android.

一、引言

随着无线网络技术的快速发展，移动数据可以通过多种传感器进行收集，比如手机传感器、全球定位系统 GPS、加速度传感器等。通过对移动数据的分析，可以获得不同的交通出行方式特征。交通方式的识别在许多领域中起到至关重要的作用，例如在交通管理规划中，了解用户的常用出行路线，可以对应分析出城市里的繁华区域和高频使用路段，进而设置公共交通工具，缓解道路压力，提高人们的出行工作效率；在城市设计方面，了解用户的出行方式，分析周边环境与用户出行方式之间的关联，从而设立公共系统，如果用户常常开车经过某个地方，可在该地方提供相应的业务推送；在医学研究中，分析交通方式对于空气污染研究也有很大的意义，空气污染物的扩散情况与不同种类的交通方式有关联，分析出这种内在关系以便进行相应的感染防护工作。

本项目将提高交通模式识别的稳定性及精确度，使智能手机识别交通模式能够用于实践。利用智能手机中搭载的加速度计、陀螺仪、气压计等传感器采集数据，对收集到的传感器数据进行特征提取、分类、训练、测试，基于机器学习的思想，利用 Adaboost 分类器对各种交通模式进行区分，将 Adaboost 迭代分析与 Android 平台相结合，可以对人类交通行为进行实时的采集与分析，为人们生活出行提供方便，也可为以后的研究提供数据基础，实现基于智能手机平台的交通模式识别系统。

本文的主要贡献是：

(1)利用智能手机内置的加速度传感器、气压计、地磁传感器、陀螺仪采集交通模式数据，达到便捷且低功耗的效果。

(2)通过相关算法提取交通模式数据的时域、频域、统计域的三方面特征。

(3)搭建基于 Adaboost 算法的 Android 平台 App，将数据采集、特征提取和模式识别三个功能结合到一起。

(4)大量测试交通模式识别 App 的识别准确率、功耗以及复杂度，确保 App 的低功耗、高准确率正常工作。

二、相关理论基础

1.加速度传感器

加速度传感器是一种能够测量加速度的传感器，大多数智能手机都具有多轴加速度计，分别记录加速度沿 X、Y、Z 三轴的加速度。通过加速度计可以检测出手机当前的加速度大小以及运动的方向。智能手机中，通过分析加速度计数据，得出用户当前握持手机的方式来调整设备屏幕的横向、纵向旋转，通过加速度计与应用程序的结合，还可以设计出计步器。

2.陀螺仪

陀螺仪是一种能够精确确定物体方位的仪器，其主要部分是一个对旋转轴以极高角速度旋转的转子，转子装在一个支架内。在通过转子的中心轴上加一个内环架，陀螺仪就可以环绕平面两轴作自由运动，再在内环架上加一个外环架，陀螺仪就可以环绕平面三轴作自由运动。在智能手机中，通过采集器可以读取陀螺仪绕 X、Y、Z 三轴转过的角度。

3.地磁传感器

地磁传感器可以检测出沿 X、Y、Z 三轴的环境地磁场，以此来分析出智能手机的相对方向，智能手机中的指南针功能正式根据地磁传感器收集到的数据信息来实现指出方向的功能的。由于地磁传感器收集的数据取决于地磁场，于是可以用地磁传感器来收集智能手机所处环境的数据。

4.气压计

气压传感器主要的传感元件是一个可以敏锐感知气压的薄膜和一个顶针。当环境中的压力升高、降低或发生变化时,薄膜发生相应的形变,带动顶针运动,同时与顶针相关联的电阻值会发生变化,引起电流变化,经过数模转换来获取气压变动的信息。根据智能手机中气压计收集到的相关数据,提取出相关特征,可以良好地区分出用户所处的环境。例如在室内和室外的环境切换下,气压的数据特征会提相出较好的区分性。

5. Adaboost 分类器

Adaboost 是一种迭代算法,其核心思想是将一些弱分类器提升为强分类器。从弱分类器出发,反复学习训练,得到一系列的弱分类器,然后将这些弱分类器组合构成一个强分类器。提升方法是改变训练数据的权值分布,针对不同的训练数据分布学习一系列的弱分类器。整体的算法流程可以分为两个步骤,一是改变每一轮训练数据的权值或概率分布,二是将弱分类器组合成一个强分类器。在改变每一轮训练数据的权值时,Adaboost 首先将前一轮弱分类器错误分类样本的权值,降低被正确分类样本的权值,这样那些被错误分类的数据,由于权值增大,在接下来一轮训练中将着重受到分类器的关注,进行加强训练分类。在组合弱分类时,Adaboost 采用表决的方法,首先加大错误率小的弱分类器权值,使这些正确率较高的弱分类器在表决中能够起到更大的作用,同时减少错误率高的弱分类器权值,减低这些错误率高的弱分类器的表决作用,这样即可组合构成一个强分类器。

三、系统总体方案

交通模式识别 App 是由采集模块和预测模块组成的,采集模块中包括数据采集和数据存储功能,预测模块包括特征提取、特征说明和模式识别功能,系统总体方案如图 1 所示。

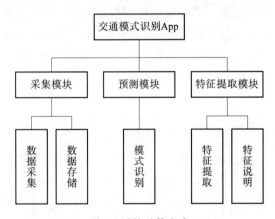

图 1 系统总体方案

1. 采集模块

采集器模块主要由数据采集和数据存储两个功能构成,数据采集部分首先获取传感器使用权限,然后注册传感器监听器,当传感器数据发生改变时回调传感器数据,完成数据采集功能。采集到的数据存储到本地,数据通过 Context 提供的方法来打开数据文件里的 IO 流,通过 FileInputStream 和 FileOutputStream 两个方法来进行数据的读写操作。将采集到的数据存储下来,以便后续预测模块调用。

2.特征提取模块

特征提取模块由特征提取、特征说明两个功能构成。特征提取功能用于处理采集到的原始数据,由于采集器采集到的原始数据过多过杂,需要从中提取出对模式识别有用的数据。对这些原始数据进行特征提取,按照一定的顺序排列好,将提取到的特征数据整合到一个数据集中。特征说明功能用于详细介绍每种数据特征。其中的特征包括加速度特征、陀螺仪特征、气压计特征和地磁特征。

3.预测模块

模式识别功能用于最终的交通模式识别。首先将提取好的特征数据集放入 Adaboost 分类器,输入某种交通工具的标签和特征,用于标定真实的交通工具,然后再用训练生成好的 model 文件与原来的标签对比得出准确率,准确率高的结果即为识别出的用户的交通出行模式。

四、软件流程图

交通模式识别 App 开始时首先检测手机内置传感器的完整性,如所需的传感器完整且工作正常,则进入用户选择界面,用户选择界面包含一个 CardView 控件,用于描述本 App 的作用;选择界面提供数据采集和模式预测两个按钮供用户选择。由于模式预测需要用到传感器数据,如果用户选择模式预测,系统则会首先检测本地是否存有传感器数据,如果没有数据则会返回选择界面,并提示用户先进行数据采集。用户进入数据采集界面之后,单击开始采集按钮,系统会进行传感器数据采集,并将加速度、陀螺仪、气压、地磁传感器的数据显示到屏幕上,数据会实时更新。当采集一定的数据之后,用户选择停止采集按钮,系统将采集到的数据存储到本地。之后进入模式识别界面,此模块会首先将采集到的数据进行特征提取处理,将数据特征存为一个新的数组,送入预测模块,系统最终给出预测结果。交通模式识别 App 的系统流程图如图 2 所示。

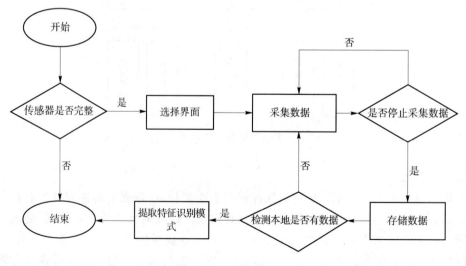

图 2 App 系统流程图

五、软件设计实现

1. 特征提取模块设计与实现

数据采集是整个 App 的基础环节，采集到的数据不仅用于训练预测模型，也是识别出当前交通模式的重要数据依据。第一步首先获取传感器管理对象及传感器类型；第二步为传感器注册监听器；第三步当传感器的值改变时回调传感器数据。进入采集器页面后，用户单击开始按钮，系统首先会注册传感器监听器，采集器开始采集数据，当传感器的值发生改变时，加速度、陀螺仪、地磁、气压等传感器数据将会实时的反馈到页面，依次显示。由于有多个传感器，这里采用了 switch case 语句，以传感器类型为 case 对象，分别显示数据。

2. 特征提取模块设计与实现

特征提取模块首先将采集器采集到的数据存储到数组中，数组传到特征提取方法中，对数组中数据进行特征提取处理，处理好的特征存入数组中。这里设置了均值、标准差、方差、中位数、峰度、偏度、均方根、积分、自相关系数、过均值率、FFT、谱能量这些特征，特征数组长度设为 24，没有的特征作 0 处理。根据相关公式设计特征算法，计算出的特征存入一个新的特征数组 feature 中。

3. 模式预测模块设计与实现

将提取好的特征数组按照顺序，依次放入新的数组 feature 中，组合出一个新的数组，将 feature 数组送入 Adaboost 分类器中，通过调用 Adaboost.Predict 方法实现模式预测。预测方法中首先将提取出的数据特征进行分类标签处理，调用本地存储中的训练模型 model 文件，通过 Adaboost 分类器得出预测结果。

六、App 测试

1. 交通模式识别准确度测试

App 能够识别的交通模式种类有 4 种，分别为公交车、小轿车、地铁和火车，App 的交通模式识别准确度由图 3 混淆矩阵表示出来。矩阵中对角线的数据是正确分类的，而对角线以外的是被错误分类的。由混淆矩阵可以看出 App 对各类交通模式都有较高的识别准确度。

	bus	car	metro	train
bus	379	9	0	0
car	2	226	3	2
metro	0	0	458	1
train	1	0	0	196

图 3　混淆矩阵

2. 功耗

功耗以 App 运行一定时间所消耗的电量来反应，本文分别测试了 App 在静态和动态两种情况下的电量消耗情况,限定时间为 1 小时。由于 App 在单击开始运行之后,采集模块和预测模块等都已开始工作,所以这里设置的静态为只打开 App,不单击开始;动态模式为从采集到预测的所有功能全部运行。功耗情况如表 1 所示。由此可以分析出交通模式识别 App 在静态和动态两种情况下的电量消耗分别为 5% 和 9%,并且是连续工作 1 小时,可以发现 App 的功耗不高。

表 1 App 功耗情况

功耗	状态	
	静态	动态
电量使用情况	5%	9%

3. 复杂度

App 的复杂程度由各部分的运行时间反应。本文设置时间戳分别记录了采集器采集数据所用的时间,以及进行特征提取和模式预测的时间,由于 App 进行一次完整流程的时间太短不利于观察比较,所以记录 App 进行 100 轮过程所消耗的时间。各部分用时如表 2 所示。

表 2 App 各部分所耗时间

	数据采集	特征提取	模式预测
消耗时间	3.2 s	3.9 s	4.4 s

七、结束语

综上所述通过交通模式识别,可以统计得到人们的日常出行方式,对这些出行方式的数据进行分析,可以获得各种不同的潜在价值,例如为人们提供更加人性化的服务,对一个城市的道路规划提供参考,增设公共交通设施缓解道路压力等,为良好的城市建设做出了很大的帮助。

参考文献

[1]熊文,陈小鸿. 城市交通模式比较与启示[J]. 城市规划,2009,3:56-66.

[2]张博. 基于手机网络定位的 OD 调查的出行方式划分研究[D]. 北京:北京交通大学,2010.

[3]Xia H, Qiao Y, Jian J, et al. Using smart phone sensors to detect transportation modes[J]. Sensors, 2014, 14(11):20843-20865.

[4]赵瑜,李玉,王利雷,等. 基于手机 GPS 定位轨迹的出行信息采集技术[J]. 山东交通学院学报,2016,2:12-18.

[5]郭璨,甄峰,朱寿佳. 智能手机定位数据应用于城市研究的进展与展望[J]. 人文地理,2014,29(6):18-23.

作者简介

张迪,1996 年出生,男,北京人,本科,毕业于北京信息科技大学信息与通信工程学院。

罗海勇,博士,中国科学院计算技术研究所副研究员,硕士生导师。

实培计划-大创深化项目

基于大数据的高校学生分析系统设计与实现

刘嘉树　贺怡然　曹心悦　安旭东　张月霞

(北京信息科技大学信息与通信工程学院,北京,100101)

摘　要:21世纪以来,各大高校加快了信息化建设的步伐,利用信息管理系统来存储和管理教学教务信息,如何将这些数据信息得以转化,协助高校教师科学地指导教学,进而更好地帮助学生提升学习成绩指导未来方向,这成为了一个重要研究课题。本系统以高校学生为研究对象,针对学生成绩进行分析,并根据影响学生成绩的因素对学生成绩进行预测。采用了回归模型,引入了Scikit-Learn机器学习模块,首先对学生的学习生活数据进行分析,其次找出学生行为数据背后的行为特征及跟学生成绩相关的影响因素,从中提取行为特征,同时绘制分析图像,供教师查看,然后用机器学习算法建立对学生成绩的预测模型,对比确定最佳的成绩预测模型,最后达到对学生成绩进行预测的目的。本课题给出了学生成绩预测模型,可为高校学生信息化管理系统提供一定的参考。

关键词:大数据;高校学生;Scikit-Learn;成绩预测。

Design and Implementation of Analysis System for College students Based on Big Data

Liu Jiashu　He Yiran　Cao Xinyue　An Xudong　Zhang Yuexia

Abstract:Since the 21st century, major universities have accelerated the pace of informatization construction, used the information management system to store and manage educational data. How to extract and analysis these data to help students improve their grades and improve the level of teaching management in universities has then become an important subject. This system takes the college students as the research object, analyzes the students' achievement, and predicts it according to the factors affecting it. This is how it works. For a start, using the regression model and leading in Scikit-Learn machine-learning module, it will analyze the data of students' study life, and then find out the behavior characteristics and influential factors associated with student achievement which is behind the student - behaviors data. As the next step, it will extract those behavior characteristics while drawing analysis image for teachers to check, and use the forecast model of machine-learning algorithm to establish the prediction models of students' performance for comparison with the aim of determining the best one to achieve the purpose of predicting students' achievement in the end. This project has presented a prediction model of students' achievement, which provides reference for the information management system of college students.

---

① 项目来源:2018-2019 实培计划大创深化项目

一、概述

随着科学技术尤其是信息技术的发展,各种信息管理系统和数据库系统被越来越多地引入各行各业的日常使用当中,如何从这些数据中提取出有用信息以帮助人们更好地分析问题,也成为了大数据领域的一个重要研究课题,为此出现了新兴的大数据分析研究。

在这个背景下,本文采用数据挖掘中机器学习的方法,以高校学生学习成绩为依托,采集高校学生在学校里面活动所产生的各种行为数据,以挖掘出学生行为数据中跟成绩相关的因素和行为模式,最终实现对成绩的预测,从而更好地对学生进行一对一管理,精细化教学管理工作。

本文主要分为四个步骤,第一,数据收集,获得学生的学习成绩绩点和直接或间接影响学习成绩绩点的因素数据。第二,数据分析,对已有的数据可视化,对数据进行汇总,通过绘制数据图的方式了解数据属性间的关系。第三,成绩预测,首先建立成绩预测模型,对数据进行训练,来对成绩绩点进行预测,其中本文选用了三种算法对比预测:线性回归、决策树回归、随机森林。第四,结果呈现以网页的形式,呈现一些分析的图表以及得到的预测结果,使用户可以直观、清晰地看到结果。

二、学生行为分析与特征提取

1. 数据的采集及预处理

对于数据采集来说,教育领域的数据来源主要有两个,一是学生利用网络平台进行查找资料和课程学习,各类学习平台和在线教育系统中产生了大量和学生的学习密切相关的数据;二是大学校园中对于学生正常教学活动所产生的课堂教育数据和学生教务管理系统的数据,但由于可以采集到的学生的数据太少,且大部分学校对于学生的数据进行了保护,本文通过合理的方式,在某高校进行了数据采集,采集的内容包括:学生学习成绩绩点、学生综合成绩分数、在线浏览课件次数、上课讨论次数、图书借阅次数等特征数据。

当采集完数据以后,进行数据的清洗和预处理。通过填写缺失的值、光滑噪声数据,以及对所收集数据进行分组前所做的审核、筛选、排序等必要的处理,让格式标准化,错误被纠正,使数据在接下来的工作中可以被直接使用。

2. 学生行为数据分析

本文主要研究的是根据学生行为对学习成绩进行的预测,选用回归算法。

图1统计了全年级同学成绩绩点的分布情况,从图1可以看出,总体呈现中间多两头少的纺锤形结构,基本呈现正态分布。

本文将对学生的成绩绩点进行具体分析预测,预测出来的将为一个具体的数,观察不同学生在某些指标上表现出的差异,找出对学生成绩影响最大的几个类别的指标,建立模型,进行机器学习,以达到预测的目的。本文将依次对学生的行为数据进行分析,并以图表的形式展示出来,首先将对学生综合成绩进行分析,然后对学生的性别、班级进行分析,再对学生在线浏览课件的次数和上课回答问题次数进行分析,最后对学生图书借阅次数进行分析,以下为详细的分析过程。

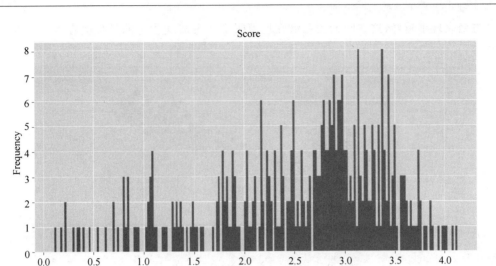

图1 学生成绩绩点统计图

(1)综合成绩分析

学生综合成绩主要取决于学生在学生组织中的任职情况、运动会获奖情况、竞赛获奖情况、参与志愿服务情况等。通过对综合成绩的分析,可以看出学生在学校里,除了学习以外的表现情况,作为成绩预测的一个依据。

从图2可以看出,学生综合成绩大致也呈现正态分布,学生的综合成绩绝大多数集中在50～75分之间。在较高分数段和较低分数段存在噪点。

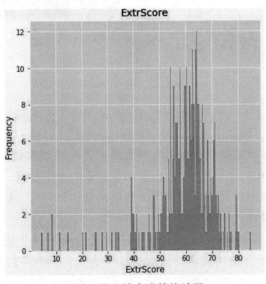

图2 学生综合成绩统计图

从图3可以看出,学生中成绩绩点较高的,综合成绩也较高,成绩绩点低的同学,综合成绩也低,从结果上看,学生成绩绩点好坏跟综合成绩有一定的联系,综合成绩在一定程度上反映了学生成绩绩点的好坏,它们有着明显的正相关性,成绩绩点越好的学生在学校的其他活动方面表现也越好,这之间的关系潜在地说明了学习成绩优秀的学生会在各个方面都力争优秀。

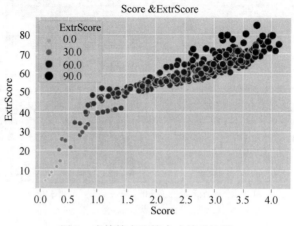

图 3　成绩绩点和综合成绩对比图

(2)学生上课回答问题次数分析

在课堂上,老师也会偏向于和前排的同学进行交流,因此,认为课堂上和老师交流、回答问题的次数和学生的成绩绩点会有关系,再将课堂上和老师交流、回答问题的次数记为上课回答问题次数,对此参数进行了统计,做出了如下的对比图,如图 4 所示。

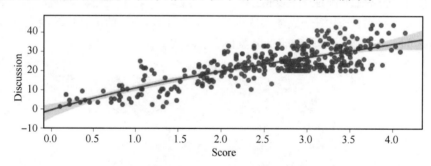

图 4　学生上课回答问题次数和成绩绩点的对比图

从图 4 中可以看出,成绩绩点高的同学和上课回答问题的次数相对来说较高,相反,成绩绩点低的同学回答问题的次数比较少,再将图中所描的点拟合成一条曲线,近似可以看成一次函数的直线,但具体的相关性系数还需要数据挖掘进行深入分析。

(3)学生在线浏览课件次数分析

在校大学生由于上课时间较少,出现了很多帮助老师对学生进行管理和师生间交流的软件,很多老师会把上课使用的课件放到这些平台上,方便学生课后进行学习,这个软件也会记录下学生浏览课件次数的数据,学生浏览课件次数和成绩绩点对比图如图 5 所示。

在图 5 中,对描出的点进行了拟合,可以看出,浏览次数情况和学生成绩绩点有潜在的联系,绩点高的同学普遍浏览课件次数较多,而绩点低的同学基本不浏览课件,由此可以推测,学生浏览课件次数的情况中隐藏了跟学生成绩绩点相关的因素。

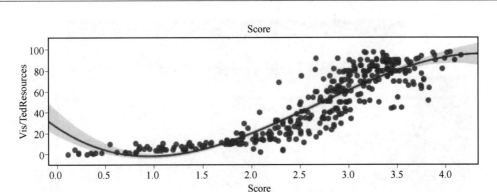

图 5　学生浏览课件次数和成绩绩点对比图

(4)学生图书借阅次数分析

图书馆是学校的一个重要部门,为师生提供图书资料,本系统选择对学生在大学期间借阅书籍次数的情况进行分析,做出了如下的对比图,如图 6 所示。

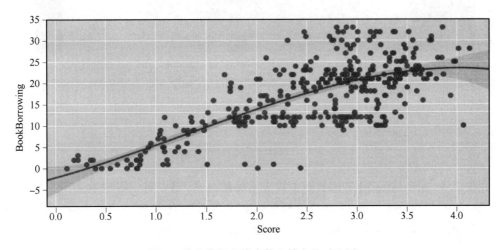

图 6　学生借阅书籍次数和绩点的对比图

在图 6 中,描出点以后拟合成一条曲线,可以看出,借阅图书次数多的同学,成绩普遍都偏好,而借阅图书次数少或者没有借阅过图书的同学成绩都偏低,由此可以看出借阅图书次数和学习成绩有一定的关系。

3.学生行为特征提取

特征提取就是对事物特征的提取,将原始特征转化成为一组有明显物理意义或统计意义的数值,再从一系列数值中寻找最能反映原始事物特征的数值,即对数据提取特征。数据挖掘中机器学习算法的运行需要特定数据作为输入,输入数据被称为训练数据,是在机器学习模型建立的过程中对模型进行训练,使模型能够达到成功预测目标的最关键的要素。

对于上述采集到的数据进行分析以后,可以得到各个参数和绩点之间的相关度热图,如图 7 所示。

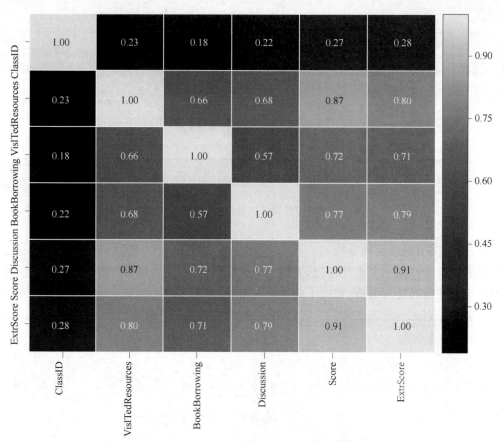

图 7　各个参数和绩点之间的相关度热图

在图 7 中,颜色越浅、数字越接近 1 代表相关度越高,图中可以看到本文所选取的数据中每两项之间的相关度关系,从结果中选择学生综合成绩、学生浏览课件次数、学生借阅图书次数和学生上课回答问题次数四种参数作为机器学习的数据集。

三、成绩预测模型

在本章中,针对学生成绩预测的具体问题,将之前对学生行为数据提取到的特征应用到机器学习算法中去,建立成绩预测模型。预测模型有好有坏,为了选择好的预测模型,本文对基本回归模型进行测试,进行择优选取,下面本文将依次介绍备选的回归模型算法。

1.线性回归算法

线性回归,就是能够用一个直线较为精确地描述数据之间的关系。通过线性回归构造出来的函数一般称为线性回归模型,从数学表示形式来看,线性函数比非线性函数更加简单。在线性回归中,数据采用线性函数的方式进行数据建模,对于模型中的未知参数也采用数据进行估计。对于一个多变量的线性回归模型可以表示为如下公式:

$$Y_i = \beta_0 + \beta_1 X_{i1} + \beta_2 X_{i2} + \cdots + \beta_p X_{ip} + \varepsilon_i, i = 1, 2, \cdots, n \tag{1}$$

式中,Y 是 X 的线性函数,ε_i 是误差项。线性则是 Y_i 的条件均值,在参数 β 里是线性的。

2. 决策树回归算法

决策树方法是以分治思想为依据，对属性逐步划分的方法。之所以称为决策树，是因为用决策树方法对训练数据建立了分类，模型的形状，可以用一棵树来表示，决策树首先选择属性，建立根节点，然后逐步向下生成一颗完整的树，在决策树中，每个树节点就是数据的一个特征，决策树每一步选择一个具有最大熵值的属性作为属分支的节点，

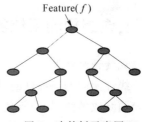

图 8　决策树示意图

当所有的属性都成为树的分支节点，或者相同属性的数据都属于同一个分类时，决策树完成，如图 8 所示。

3. 随机森林回归算法

随机森林是用于分类和回归的监督式集成学习模型。为了使整体性能更好，集成学习模型聚合了多个机器学习模型，放在一个整体中则很强大。在随机森林模型下，使用大量"弱"因子的决策树，来聚合它们的输出，结果能代表"强"的集成，如图 9 所示。

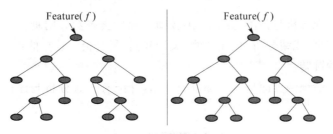

图 9　随机森林示意图

4. 三种回归算法的比较

对于以上三种机器学习的算法，本系统利用收集到的已有的数据，用 80% 的数据进行训练，20% 的数据进行测试，将测试出来的输出结果和真实的输出结果相比较，使用回归模型的尺度 R_2 决定系数进行评价，R_2 计算公式如下：$R^2(y,\hat{y}) = 1 - \frac{\sum_{i=0}^{n_{samples}-1}(y_i - \hat{y_i})^2}{\sum_{i=0}^{n_{samples}-1}(y_i - \bar{y})^2}$，当计算结果越接近 1 时，回归模型越好，预测结果如图 10 所示。

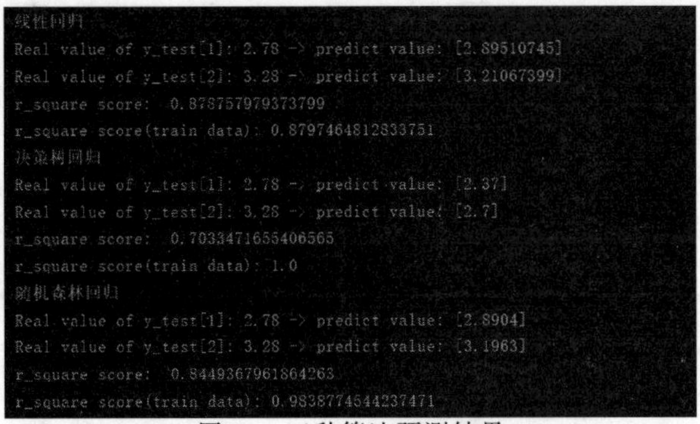

```
线性回归
Real value of y_test[1]: 2.78 -> predict value: [2.89510745]
Real value of y_test[2]: 3.28 -> predict value: [3.21067399]
r_square score:  0.878757979373799
r_square score(train data): 0.8797464812833751
决策树回归
Real value of y_test[1]: 2.78 -> predict value: [2.37]
Real value of y_test[2]: 3.28 -> predict value: [2.7]
r_square score:  0.7033471655406565
r_square score(train data): 1.0
随机森林回归
Real value of y_test[1]: 2.78 -> predict value: [2.8904]
Real value of y_test[2]: 3.28 -> predict value: [3.1963]
r_square score:  0.8449367961864263
r_square score(train data): 0.9838774544237471
```

图 10　三种算法预测结果

根据图 10 可以看出，线性回归的 r^2 值为 0.879，决策树回归的 r^2 值为 0.703，随机森林回归的 r^2 值为 0.845，比较 r^2 值可以发现，线性回归算法在本文的成绩预测中效果最好。

四、成绩预测系统实现

1. 成绩预测结果

将线性回归的训练好的模型保存起来,加载模型,再引用模型,得到预测学生成绩,实际成绩与预测成绩图,其中蓝色的为真实成绩,橙色的是预测值,如图 11 所示。

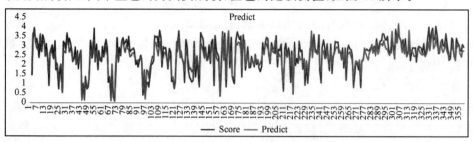

图 11　成绩真实值与预测值对比图

2. 系统呈现

采用网页来呈现分析与预测的结果,供教师与辅导员查看。网页首页页面最上方有五个导航,分别是:首页、成绩分析、成绩预测、关于我们、留言板。首页的最下方设有成绩分析和成绩预测界面的跳转。

成绩分析与成绩预测页面呈现了部分统计图,并配有一些分析与建议,供教师参考,如图 12 所示。

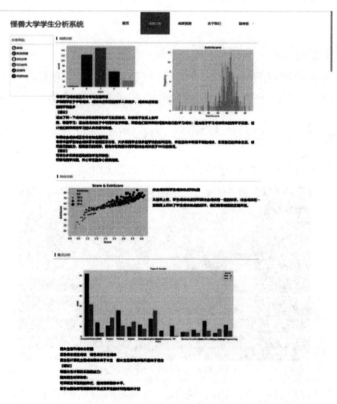

图 12　成绩分析页面展示图

五、总结与展望

本文的研究内容主要是基于大数据挖掘技术中机器学习算法成绩分析预测的应用研究,利用机器学习相关方法,试图对学生的成绩绩点进行预测,本文的主要工作包括:对学生的相关数据进行收集和整理、对数据进行处理和研究机器学习算法。

总之,在教育领域,大数据的运用还处于探索阶段,还有很多学生的行为值得去分析,本文仅仅通过学生行为中学生的成绩方面进行了简要分析、预测,相信关于学生行为方面的研究还会有很大的突破,为更好地培养学生做出很好的分析和建议。

参考文献

[1]陆璟.大数据及其在教育中的应用[J].上海教育科研,2013,(09):5-8+22.

[2]贾同.大数据对高等教育发展的推动研究[D].西南大学,2015.

[3]方洪鹰.数据挖掘中数据预处理的方法研究[D].西南大学,2009.

[4]武彤,王秀坤.决策树算法在学生成绩预测分析中的应用[J].微计算机信息,2010,(3):209-211.

[5]唐婧.数据挖掘算法在计算机教学成绩预测中的应用[J].信息与电脑(理论版),2017(18):34-36.

作者简介

刘嘉树,女,本科生,就读于北京信息科技大学信息与通信工程学院通信1601班。

贺怡然,女,本科生,就读于北京信息科技大学信息与通信工程学院通信1601班。

曹心悦,女,本科生,就读于北京信息科技大学信息与通信工程学院通信1601班。

安旭东,男,企业导师,工作于北京中兴协力科技有限公司。

张月霞,女,校内导师,工作于北京信息科技大学信息于通信工程学院。

基于 OpenCog 的移动机器人路径规划研究与设计

刘佳镕　徐天帅　刘云鹏　张月霞　安旭东

(北京信息科技大学信息与通信工程学院,北京,100101)

摘　要:随着科技的不断进步,在某些领域,移动机器人已经可以在工农业、服务业、医疗领域和空间探测等方面协助或取代人类的工作。本文首先介绍了基于栅格地图表示的 A * 搜索算法和快速随机搜索树算法的基本原理,然后,以 OpenCog 平台为基础,将内置的搜索算法改进为"连接型快速随机搜索树算法",并对这三类算法进行实验。对比实验得出结果表明,"连接型快速随机搜索树算法"有效减少了路径规划的时间,从而确保了机器人运行的实时性。并在 3D 仿真平台上成功运行。

关键词:路径规划;动态规划;搜索算法;移动机器人。

Research on Path Planning of Mobile Robot Based on OpenCog

Liu Jiarong　Xu Tianshuai　Liu Yunpeng　Zhang Yuexia　An Xudong

Abstract: With technology developing, in some fields, mobile robots have been able to assist or replace human work in industry and agriculture, services, medical industry and space exploration. This thesis first introduces the basic principles of A-star Algorithm and Rapid-exploration Random Tree Algorithm based on Grid Map. Then, based on the experimental results and the OpenCog platform. We improved the built-in search algorithm to the "Rapid-exploration Random Tree Connection Algorithm", which effectively narrows the path planning time. As a result, it ensures the real-time performance of the robot. And it has been run on the 3D simulation platform successfully.

Key words: path planning; dynamic programming; search algorithm; mobile robots.

一、引言

　　移动机器人是机器人学中的一个古老而又具有举足轻重地位的部分。它是机械、电子、计算机、传感器技术、控制技术等各门类学科门类的综合产物,是集全人类智慧于一体的结晶,同时也是机器人仿生学飞跃性的里程碑。因其能够得到、加工和感知多样信息以及可以自主完成较为困难的操作工作,因此具有极强的灵活性和应用的广泛性,它可以被用于代替人类完成力所不及的各种任务。

　　移动机器人路径规划是实现移动机器人智能化的一个重要技术,也是移动机器人实际应用中的一项关键技术。譬如,在执行装车、运输及抢灾救险等紧急工作时,采用更优的机器人路径规划技术能够更高效地完成人类安排的各项任务,降低成本,为移动机器人在各种领域中的应用夯实基础。

通过与当前研究对比,本文就机器人路径规划课题开展了研究,主要创新点如下。

(1)本文实现了 OpenCog 平台上的机器人路径规划,与以往的路径规划不同的是,基于 OpenCog 平台可以将 OpenCog 中自然语言处理等相关人工智能算法加以运用,使得路径规划更为智能。

(2)目前国内研究路径规划的大多数都是采用 2D 的仿真环境或者 MATLAB 软件进行实验仿真。这种仿真与实际机器人的环境差别较大,不能很好地反映实验的效果。本文采用了实体机器人的 3D 仿真环境进行实验,这与实际环境的差别很小,同时也能方便地将程序移植到实体机器人上。

(3)本文采用连接型快速随机搜索树算法来代替 OpenCog 中的 A*路径规划算法,该算法避免了 A*搜索算法的时间复杂度随着地图规模增加而显著增加的问题,加快了路径规划的效率,提升了机器人进行路径导航的实时性。

二、基于栅格地图的路径规划算法

1. 栅格法

Howden 在 20 世纪 60 年代末年归纳出了栅格法,其大概思想是:用 L 表示环境的最大长度,用 W 来表示环境的最大宽度,用 b 来表示环境最小栅格的边长,所以栅格的数量可以用 $(L/b) \times (W/b)$ 描述,地图 Map 由栅格map_i组成:

$$Map = \{map_i, map_i = 0 \text{ 或 } 1, i \text{ 为整数}\} \quad (1)$$

式中,$map_i = 0$ 表示该格为自由区域,$map_i = 1$ 表示该格为障碍区域。

栅格法可以用面积等大的栅格来进行分割,用 0 来表示某个栅格为自由区域,而用 1 来表示该栅格存在障碍物或者该栅格不能通行,最后,一个用来作路径规划的栅格地图就圆满完成了。图 1 所展示的是一个 10×10 的栅格地图。在栅格地图中,黑色的部分表示障碍区域,白色的部分表示自由区域。

2. 基于 A*算法的路径规划

(1)A*启发式搜索算法

A*搜索算法可以运用路径规划的已知信息来遍历所有未知的方向,选择最有希望的节点来进行扩展,从而降低计算空间和时间的消耗。

(2)A*算法的优点与不足

A*算法具有以下优点:

①如果起始节点和目标节点中间存在有效路径,则 A*算法一定能找到一个解;

②如果启发式函数 $h(n)$ 是可采纳的,则 A*算法一定能找到一个最优解;

但是,该算法存在着部分缺陷:

①A*算法的好坏取决于启发式函数 $h(n)$ 的选择,启发式函数的约束条件越多,则排除掉的点就越多。但是启发式信息越多,启发式函数的计算量就会变大,从而计算的效率变差。同时,针对不同问题所选用的启发式函数也不同。

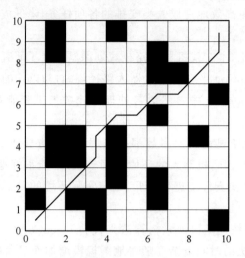

图 1　栅格地图的示意图

②A＊搜索算法的工作流程中,大量的节点数量会占用额外的内存空间,同时也会造成搜索效率的不足。

3. 标准的快速随机搜索树(RRT)

快速随机搜索树是一种随机性的搜索算法。快速随机搜索树算法的特点是:根据栅格地图的随机采样点,高效地遍历整个栅格地图从而规划出一条路径。

标准的快速随机搜索树使用随机采样的方式生成扩展随机树,但存在以下不足:

(1)在整个栅格地图空间里进行随机均匀搜索,这将使得移动机器人的运算造成不必要的开支;

(2)路径规划的结果经常不是最短路径。

4. 连接型快速随机搜索树(RRT-Connect)

由于标准的快速随机搜索树是单棵树从起始节点向目标节点扩展,并且在扩展时是完全随机的,因此快速随机搜索树很可能生长到整个空间中,会产生比较多无用的分支,从而导致搜索的效率变差。针对以上标准的快速随机搜索树所存在的缺点,将上述算法改进为一种名为连接型快速随机搜索树的搜索算法。

连接型快速随机搜索树是一种改进的快速随机搜索树算法,其主要思想是利用双向搜索技术,分别以起始节点和目标节点为根构造出两棵随机树,各自独立地向对方节点扩展,当两棵随机树相互连接时,就可以生成最佳的规划路径。

基于上述描述的连接型快速随机搜索树的算法描如图2所示。

在上述算法中,T_a 和 T_b 这两棵随机树会一直各自扩展,直到相互连接,则找到一条路径。在程序迭代的过程中,其中一棵随机树进行扩展时,试图靠近并连接至对方随机树上最近的节点,进而扩展出新的节点。在第一次两随机树连接后它们彼此交换顺序,重复进行上面的迭代过程直至找到一个解。与标准的快速随机搜索树算法相比,连接性快速随机搜索树算法使得两棵随机树相互朝着对方的方向扩展,这样可以避免生成多余的节点,提升算法的效率,并且能够找到更优的路径。

```
1  T_a.init (x_init);
2  T_b.init (x_gool);
3  for k ← I to K do
4  |  x_rand ← RANDOM_CONFIG( );
5  |  If EXTEND(T_a,x_rand)≠Trapped then
6  |  |  If CONNECT(T_b,x_new)=Reached then
7  |  |  |
8  |  |  |  return pATH(T_a,T_b)
      |  |  end
9     |  end
10    |  SWAP(T_a,T_b)
11 end
12 return Failure
```

图 2 连接型快速随机搜索树算法描述

三、基于 OpenCog 平台的机器人路径规划实验

1. 实验设计

本文实验的目标是在 Webots 仿真的室内环境中,对机器人下达指令,通过其自然语言处理和路径规划,规划出导航路径,并发出控制命令使机器人移动到目标处。基于 OpenCog 平台的移动机器人路径规划的框架图如图 3 所示。

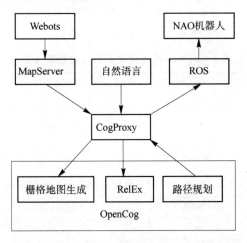

图 3 基于 OpenCog 平台的移动机器人路径规划框架图

基于 OpenCog 平台的移动机器人路径规划的具体过程如下。

先用 Webots 平台仿真,MapServer 是一个针对 Webots 平台的地图服务器,它相当于一个位于仿真环境上方的顶上摄像头,可以获取 Webots 环境中的各种信息,并传送到 CogProxy 中。

OpenCog 在接收至 CogProxy 所发送的地图消息后,一方面将地图中所有物体整合成其中的点;另一方面将整个地图里的信息转化成为栅格地图,并保存。CogProxy 用一个对话框来接收用户发出的指令。CogProxy 通过对话框接收用户所输入的自然语言信息,并将这些信息发送到 OpenCog 中的 RelEx 模块进行语义分析。

在 OpenCog 中,自带的路径规划算法是基于栅格地图的 A ∗ 搜索算法。A ∗ 搜索算法的时间效率不如连接型快速随机搜索树算法好,在实时性上与连接型快速随机搜索树算法相差得很远,对于复杂的环境则更为明显。因此,为了达到更好的实时性,这里将 OpenCog 自带的 A ∗ 算法替换为连接型快速随机搜索树算法进行实验。

OpenCog 会根据生成的路径点生成一组动作序列,发送给 CogProxy,按照动作序列中的参数进而控制移动机器人进行运动。而控制移动机器人实现可移动的动作函数只有两个:void turn(double angle)函数和 void walkstraight(double distance)函数。CogProxy 根据机器人的坐标(X_{robot}, Y_{robot})、目标点的坐标(X_{target}, Y_{target})以及机器人当前的转角 $Angle_{robot}$ 计算出机器人需要转动的角度 $Angle_{turn}$ 和直线走动距离 $Distance$。$Angle_{turn}$ 和 $Distance$ 的计算公式如公式(2)和公式(3)所示:

$$Angle_{turn} = Angle_{robot} - \arctan \frac{X_{target} - X_{robot}}{Y_{target} - Y_{robot}} \tag{2}$$

$$Distance = \sqrt{(X_{target} - X_{robot})^2 + (Y_{target} - Y_{robot})^2} \tag{3}$$

CogProxy 将计算出的转动角度和直线距离以消息的形式发送给 ROS 中的 cog_proxy 节点,cog_proxy 以 Topic 的形式发送消息给 nao_walker 节点,nao_walker 则利用接收到的转动角度和直线距离来控制移动机器人的转动与直线行走,从而使移动机器人走到指定的位置,完成路径规划实验。

2. 实验结果对比和分析

本次实验分别采用 A ∗ 搜索算法、标准的快速随机搜索树算法以及连接型快速随机搜索树算法,对三种不同大小的栅格地图进行路径规划实验。

表 1 64×64 栅格地图下路径规划算法实验

算法	成功率	平均运行时间/ms	平均路径长度
A∗	99.4/%	11.23	59.857
标准 RRT	99.6/%	5.94	76.383
RRT-Connect	99.5/%	2.76	72.295

表 2 256×256 栅格地图下路径规划算法实验

算法	成功率	平均运行时间/ms	平均路径长度
A∗	99.5/%	81.67	235.247
标准 RRT	98.4/%	24.37	288.634
RRT-Connect	96.2/%	2.96	277.318

表 3 512×512 栅格地图下路径规划算法实验

算法	成功率	平均运行时间/ms	平均路径长度
A∗	99.7/%	556.19	470.634
标准 RRT	99.5/%	86.93	575.238
RRT-Connect	99.6/%	2.83	553.409

在搜索结果的路径长度方面，A＊搜索算法的路径长度是最优的，比前两种随机搜索树算法搜索出的路径都要短。在算法的运行时间方面，连接型随机搜索树算法的用时最短，效率最高，远远优于 A＊搜索算法与标准的随机搜索树算法，并且随着地图空间的增加，连接型随机搜索树算法的运行时间并没有明显得增加。

综上所述，A＊搜索算法能够找到更接近最优解的路径，比较适合规模较小且简单的地图环境；连接型随机搜索树的搜索时间效率最好，适合运用于规模较大的地图环境，或是实时性要求较高的程序当中。

四、总结和展望

1. 全文总结

近几年来，移动机器人的路径规划得到了不断的发展与创新，而传统的路径规划方法的方法都比较单一，没有将路径规划与自然语言处理、逻辑推理等其他人工智能领域的方法相结合，所体现出的智能性不高。

本文对路径规划进行研究，并研究出了新的"连接型快速随机搜索树算法"，通过 OpenCog 软件平台进行仿真实验，这将大大提高算法的效率，并且找到更优的路径。

本文主要的研究内容和取得成果分为两个部分。第一部分分析了 A＊搜索算法和快速随机搜索树算法以及对它们进行优缺点的实验和分析，基于后者，改进为"连接型快速随机搜索树算法"。第二部分将 OpenCog 平台和"连接型快速随机搜索树算法"进行结合，成功通过实验在 Webots 仿真环境中验证了可行性，并且基于以上成果完成了对移动机器人的路径规划工作。

2. 未来展望

本文虽然已经取得了一些较为丰硕的成果，但还有一部分工作需要今后的进一步研究与改进。

（1）本文中的"连接型快速随机搜索树算法"虽然具有很好的实时性，但规划路径往往不是最优路径，今后还要研究改进。

（2）OpenCog 平台中有许多人工智能的模块，例如机器学习、逻辑推理。今后可研究如何应用于机器人导航系统。

（3）将研究成果应用于实体机器人，并在真实环境中进行导航实验，是今后研究的重点。

参考文献

[1]EH MANDANI. Application of fuzzy algorithms for simple dynamic plants[J]. Proc. IEE. 1974.

[2]J. H. HOLLAND. Genetic algorithms and the optimal allocation of trials[J]. SIAM Joumal on Computing. 1973(2).

[3]陈少斌. 自主移动机器人路径规划及轨迹跟踪的研究[D]. 浙江大学，2008.

[4]蒋新松. 机器人学导论[M]. 辽宁科学技术出版社，1994.

[5]康亮. 自主移动机器人运动规划[M]. 南京理工大学，2009.

[6]王仲民，姚立卿，张寒松. 基于神经网络的移动机器人路径规划研究[D]. 天津职业技术师范学院学报，2003.

[7]胡晓明. 基于动态环境的机器人路径规划的研究[D]. 江西理工大学，2009.

[8] 段海滨. 蚁群算法原理及其应用[M]. 科学出版社,2005.
[9] M. LOOKS. Competent Program Evolution[D]. Washington University. 2006.

作者简介

刘佳镕,男,本科生,就读于北京信息科技大学信息与通信工程学院通信1601班。
徐天帅,男,本科生,就读于北京信息科技大学信息与通信工程学院通信1601班。
刘云鹏,男,本科生,就读于北京信息科技大学信息与通信工程学院通信1601班。
安旭东,男,企业导师,工作于北京中兴协力科技有限公司。
张月霞,女,校内导师,工作于北京信息科技大学信息于通信工程学院。

基于大数据的用户行为分析系统的设计与实现

曹雨燕　成子珍　殷家政　安旭东　李学华

(北京信息科技大学信息与通信工程学院,北京,100101)

摘　要:随着社会经济的高速发展,移动互联网产品数量的直线式增长,数据体量也不断增加,大数据分析成为时代的主旋律。运用大数据技术对求职者行为进行分析,可以了解求职者的需求,为学生群体的职业选择,学校培养方案的制定,企业招聘工作的规划带来便利。

本文主要基于大数据平台构建用户行为分析系统,提出了基于 Mapreduce 的求职者意向分析方案,数据分析过程中使用 Mapreduce 程序框架,并将处理结果用网页的形式呈现出来。

关键词:大数据分析;Python 爬虫;Mapreduce 数据处理;ECharts 数据可视化。

Design and implementation of user behavior analysis system based on big data

Cao Yuyan　Cheng Zizhen　Yin Jiazheng　An Xudong　Li Xuehua

Abstract: With the rapid development of social economy, the number of mobile Internet products increases in a linear manner and the volume of data keeps increasing. Big data analysis has become the theme of The Times. Big data technology is used to analyze job seekers' behaviors, so as to understand their needs and bring convenience to student groups' career choice, school training program formulation and enterprise recruitment planning.

This paper mainly builds the user behavior analysis system based on the big data platform, and puts forward the job seekers' intention analysis scheme based on mapreduce. In the process of data analysis, the implementation of Mapper, Reduce and main class is used, and the processing results are presented in the form of web pages.

Key words: big data ananlysis; python crawler technology; mapreduce data analysis; E-charts data visualization.

一、引言

1. 大数据分析成为时代主旋律

当今社会高速发展,信息广泛流通。尤其自移动互联网时代以来,各个领域利用互联网平台开发出大量应用产品。这些产品在为人们的生活提供曾经无法想象的便利的同时,也

---

① 项目来源类别:2018－2019 年高水平人才交叉培养"实培计划"大创深化项目

产生了体量巨大的使用痕迹和数据,利用这些急剧增长的"新矿产"资源来挖掘一些相关信息或将成为大数据时代的主旋律。作为互联网的产物,大数据技术可以对海量的信息进行存储和分析,高效地描述用户的行为,并预测未来的数据发展方向。例如,某音乐软件利用了大数据技术实现用户个性化音乐推荐。

2.高校毕业生就业形势严峻

数据显示,2010—2017年的毕业生人数按照2%~5%的同比增长率逐年增长,近7年间累计毕业生人数达到5706万人。而2018年全国高校毕业生首次突破了800万人,根据教育部消息,2019届全国普通高校毕业生达834万人,再创近10年毕业生人数新高,就业创业工作面临复杂严峻的形势。就业难,一方面是由于毕业人数众多,我国产业结构消化不了这么多高学历的复合型人才;另一方面由于社会及高校提供的资源与学生日益增长的需求不配套,高校毕业生初次就业的选择空间较小,不能满足他们对就业行业、地点、薪酬等诸多方面的要求。目前,全国各高校为缓解就业难问题也采取了一系列措施,一是开设关于就业创业的辅导课,但开课时间晚,课程数量少也是很多学校的共性问题;二是组织开展校园招聘会,大型双选会等,但缺乏帮助学生客观的自我评价及就业心理建设的指导。

二、分析系统的基本架构

1.网络爬虫获取数据

对于要爬取的数据先要获取到所需数据所在的网页链接(url),再爬取该页面的数据,并获取到新的url,同时将已爬取地址放到已爬列表中,过滤掉无关链接后将相关url放入url队列,并读取新的待爬url,判断是否满足停止条件,满足则停止,不满足则继续爬取页面信息,获取链接采集数据。基本原理及其实现过程如图1所示。

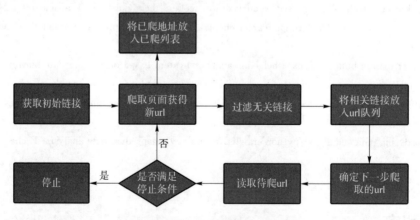

图1 网络爬虫的基本原理和实现过程

2.Mapreduce数据分析

Mapreduce的最根本的思想是分而治之,将量级非常大的数据进行拆分,分发到不同节点上处理,最终汇总数据得出分析报告。下面以word count为示例解释其流程。

假设将一个英文文本大文件作为输入,统计文件中单词出现的频数。最基本的操作是把输入文件的每一行传递给map函数完成对单词的拆分并输出中间结果,中间结果为

〈word,1〉的形式,表示程序对一个单词,都对应一个计数"1"。使用 reduce 函数收集 map 函数的结果作为输入值,并生成最终〈word,count〉形式的结果,完成对每个单词的词频统计。它们对应 MapReduce 处理数据流程如图 2 所示。

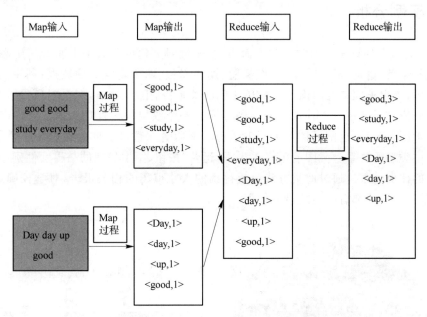

图 2　MapReduce 处理数据流程示意图

该示例程序主要包含两个类。
(1)Mapper 类
首先从输入文件逐行读取数据,然后对每一行调用一次 map 函数。随后,每个 map 函数会解析该行,并将接收到的每行中的单词提取出来作为输入。处理完毕后,map 函数将单词及单词数发送给 Reducer 类接着处理,这是通过将单词与单词频数作为键值对发送出去实现的。
(2)Reducer 类
收集 map 函数输出的 key-value 对,然后根据 key 进行排序。这里的 key 指的是单词,values 指的是单词出现的次数。在 Reduce 函数中对相同 key 的单词进行计数,并根据 key 再次以〈word,count〉的形式输出。

3.数据可视化数据呈现

目前比较常见的数据可视化工具有 ECharts 和 Highcharts 两种。ECharts 是百度开发的一个使用 JavaScript 实现的开源可视化库,可以流畅地运行在 PC 和移动设备上,兼容当前绝大部分浏览器(IE8/9/10/11,Chrome,Firefox,Safari 等),底层依赖轻量级的矢量图形库 ZRender,提供直观、交互丰富、可高度个性化定制的数据可视化图表,主要采用 canvas 进行渲染画图。canvas 的绘图原理是基于像素,图像放大到一定程度会模糊,且 canvas 无法对某一个绘制的图像进行删除。Highcharts 是一个用纯 JavaScript 编写的一个图表库,也具有很好的兼容性,但不支持地图、和弦图、数据视图、大规模散点图等特殊图表,采用 SVG 进行渲染和绘图。SVG 的绘图原理是基于矢量形状,通过 XML 语言定义图形的形状,无论放大或缩小都保持文本定义的形状,可以通过 CSS 和 JS 脚本进行修改、删除等操作,并且可以为每一个图像添加事件与行为。

三、实例分析

以 58 同城上计算机通信类求职界面为例,通过网页爬虫爬取了求职者简历数据,包括姓名、性别、年龄、籍贯、毕业院校、工作经验、期望岗位、期望薪资等项数据;利用大数 据平台进行分析,得出求职者意向岗位及学历之间的关系;利用 ECharts 工具对所得数据进行呈现。最终分析结果如图 3、图 4 所示。图 3 通过一个双层饼图直观描述了人才市场中,偏好岗位与学历的关系,也侧面体现了两类学历的求职者在数量上的差距。图 4 描述了性别与倾向职位类型的关系。截图前鼠标单击了"运营"按钮,图中呈现的是男女性别中,选择运营类职业的比例关系。通过此类方法分析得到的人才市场的相关报告,对学校确定教育方向、学生学习方向等都有一定的借鉴作用。

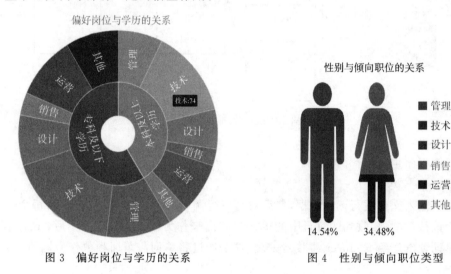

图 3　偏好岗位与学历的关系　　　　图 4　性别与倾向职位类型

四、总结和展望

本项目运用 python 爬虫技术爬取网页数据,运用大数据平台分析存储数据,并运用使用 JavaScript 技术编写的网页进行数据呈现,可以离线地分析用户行为,网页可以直观地呈现分析结果,并运用交互式设计给用户带来更加丰富的体验。本项目涉及许多编程语言 以及开创性思维,在整个设计过程中涉及对大数据行业的了解,对于 python 语言的学习,如何搭建服务器、处理并分析数据,到最后的数据呈现所要运用的 JavaScript 语言的学习与使用,对于多种新鲜领域的学习与研究,不仅锻炼了自学练习的能力,在编写程序及解决遇到问题的过程中也锻炼了动手能力,增强了查找资料自行解决问题的 能力,培养了我们的冷静思考,沉着应对的品性,最后对于新事物的勇敢尝试,让我们对于 新的挑战有了更大的兴趣也有了敢于挑战的信心,收获颇丰。

大数据时代已经来临,如今的数据体量已经达到 ZB 级别,伴随着 5G 的应用以及智慧城市和物联网相关应用的相继产生,相信未来的数据规模将会更加庞大,海量的数据也将推动大数据技术的发展,必将对各行各业产生变革性的影响,高等教育的传统模式可能将不再适用于未来社会。运用大数据对人才市场网站上求职者意向进行分析,第一,不仅有助于高校针对市场需要制定培养计划,也有助于高校根据学生需要规划教学内容,提高毕业生就业质量;第二,分析结果将对学生求职方向产生一定的参考作用,有方向就有努力的目标,有助于学生更好地建设就业创业心理;第三,大数据分析有助于招聘单位制定用人方向,提高招聘工作效率。

相信不久的未来,大数据分析将源源不断地为社会注入新的活力,为人们带来更多值得信赖,可靠性高的建议,解决日常生活、工作中的难题。

参考文献

[1]沈纲祥.Hadoop 云技术从入门到精通[M].北京:科学出版社,2018.3
[2]薛志东.大数据技术基础[M].北京:人民邮电出版社,2018.8
[3]李思洋,赵冬颖,张少岩.浅析应用大数据实现大学生就业"私人订制"[J].当代教育实践与教学研究,2018(10):26-27+34.

作者简介

曹雨燕,女,本科生,就读于北京信息科技大学信息与通信工程学院通信1601班。

成子珍,女,本科生,就读于北京信息科技大学信息与通信工程学院通信1601班。

殷家政,男,本科生,就读于北京信息科技大学信息与通信工程学院通信1601班。

安旭东,男,北京中兴协力科技有限公司工程师。

李学华,女,教授,研究生导师,北京信息科技大学信息与通信工程学院副院长,北京高校电子信息专业群协作委员会委员,长期从事信息通信类专业的教学与科研,多次获得北京市及国家级教学成果奖。

静态 L3VPN 在 PTN 中的设计与实现

王 超　郑浩平　尹健强　杨 玮　郑 壬（中兴协力）

（北京信息科技大学信息与通信工程学院，北京，100101）

摘 要：随着高品质业务的发展，LTE 技术引入了基站多归属接口和相邻基站间互联接口，点到点的网络转变成点到多点，多点到多点的网络，需要实现大量的分组转发功能。目前的 PTN 技术采用 L2VPN 技术无法完成端到端的组网承载能力，而 L3VPN 则能很好地解决这个问题，所以本文对 L3VPN 如何在 PTN 实现展开研究。本文先介绍了 LTE 的主要承载传输网 PTN 以及 PTN 技术的实现，同时根据 PTN 拓扑方案选取了青岛市做了大致的网络拓扑图。最后提出了静态 L3VPN 在核心层的设计方案，并在 netnumen 中完成了实验配置和验证，通过最后的验证表明 L3VPN 可以在 PTN 中实现。

关键词：PTN；静态 L3VPN；LTE；VPN。

Design and Implementation of Static L3VPN in PTN

Wang Chao　Zheng Haoping　Yin Jianqiang　Yang Wei
Zheng Ren（Zhongxing Xieli）

(School of Information and Communication Engineering, Beijing Information Science and Technology University, Beijing, 100101, China)

Abstract: With the development of high-quality services, LTE technology introduces a multi-homing interface between base stations and an interconnection interface between adjacent base stations. The point-to-point network is transformed into a point-to-multipoint, multi-point to multi-point network, which requires a large number of packet forwarding. Features. The current PTN technology cannot complete the end-to-end networking bearer capability by L2VPN technology, and L3VPN can solve this problem well. Therefore, this paper studies how L3VPN implements in PTN. This paper first introduces the PTN, the main bearer transmission network of LTE, and the implementation of PTN technology. At the same time, according to the PTN topology scheme, Qingdao has made a rough network topology diagram. Finally, the design scheme of static L3VPN in the core layer is proposed, and the experimental configuration and verification are completed in netnumen. The final verification shows that L3VPN can be implemented in PTN.

Keywords: PTN; static L3VPN; LTE; VPN.

一、引言

在全球 IP 化趋势下，目前的 PTN 技术采用 L2VPN 技术无法完成端到端的组网承载能力，这时，业界普遍认为需要在 LTE 传送网中引入 L3VPN 技术，以满足 LTE 传送的需求。因此,PTN 静态 L3VPN 方案应运而生,它标志着传送网与 IP 网络的融合走向深入,而且能满足 LTE 时代业务灵活调度、基站 IP 灵活调整等新需求。本论文的主要研究内容是静态 L3VPN 在 PTN 中的设计与实现。

二、相关理论

PTN(分组传输网)是一种 LTE 承载传输网,PTN(分组传送网)作为城域网以太网专线的主要承载平台,具有高可靠性、高传输性能、高安全灵活特征、高发展潜力等特点。PTN 是指这样一种光传送网络架构和具体技术:在 IP 业务和底层光传输媒质之间设置了一个层面,它针对分组业务流量的突发性和统计复用传送的要求而设计,以分组业务为核心并支持多业务提供,具有更低的总体使用成本(TCO),同时秉承光传输的传统优势,包括高可用性和可靠性、高效的带宽管理机制和流量工程、便捷的 OAM 和网管、可扩展、较高的安全性等。典型的 PTN 网络结构如图 1 所示。

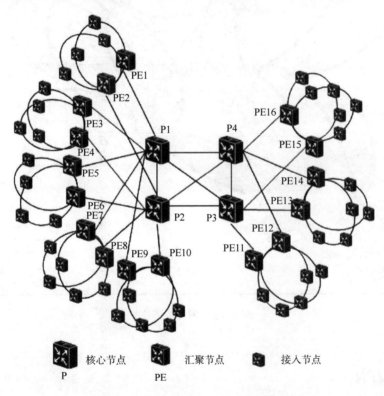

图 1　典型的 PTN 网络结构示意图

就以青岛市为例,由于青岛市的地理形状较为复杂和为了尽最大可能满足用户的需求,所以将核心设备分别布置在平度市、即墨市、胶州市市中心及东南角附近,这些地区构成的核心网到青岛市其他地区的距离较为均衡,满足网络建设的需求。汇聚环的建设比起核心环要复杂,在布置汇聚环的时候使其尽可能地覆盖整个青岛市,但是要满足每个人对网络的高质量需求是不可能的,只能根据地区的人口密度和地形对汇聚环的布置加以考虑。最终对整个网络起至关重要作用的是接入环,为了避免造成资源的浪费和满足用户的高质量需求,接入环的布置对人口和地势的考察尤为细致,在一些人口极少的地区,如山顶、荒山等,接入环就尽可能偏离这些地区,往人口较多的地方靠近。大致拓扑图如图 2 所示,图 3 为网络拓扑简图,标有所用设备型号及环内接入设备的数量。

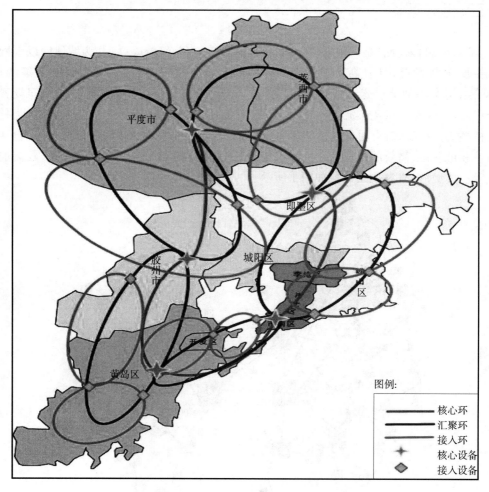

图 2　整个网络的拓扑

三、L3VPN

1. L3VPN 简介

L3VPN(三层虚拟专网)是一种基于 IP 的 VPN 技术,为用户提供三层可达性的虚拟专用网络,并实现不同用户业务之间的路由隔离。由于现有的 PTN 设备只支持 L2VPN,并不支持 L3VPN,因此核心 PTN 节点需要改进以增加对 L3VPN 的支持。考虑到核心节点连接相对固定,为简化设计,核心 PTN 节点推荐采用静态 L3VPN 方式,用户人工配置所有 IP 路由,这样 PTN 节点无须支持 BGP 等复杂的路由协议。核心 PTN 网络节点实现 L2 到 L3 VRF 的桥接功能,即终结 L2 业务,识别 IP 报文,进行 L3 VRF(virtual route forwarding 虚拟路由转发)路由转发。所以本实验深化只需将 L3VPN 在核心层部署即可。静态 L3VPN 避免了复杂的 IP 路由协议,但有一个明显的缺陷,静态 L3VPN 中 IP 路由表是由人工配置到一个个核心 PTN 节点。

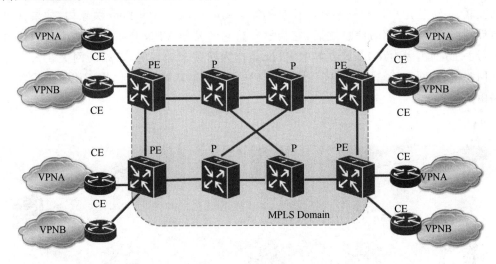

图 3　L3VPN 的示意图

L3VPN 主要实现的功能是两个不同地点之间的互联通信的同时将不同用户隔离起来,也就是 VPN A 和 VPN B 要分隔开,两端的 VPN A 要相互连通,两端的 VPN B 也要相互连通。MPLS L3VPN 是一种扁平式、水平式的架构,其中 CE 为用户侧边缘设备,主要是由路由器、交换机和主机等来担当,CE 只要负责与 PE 进行连接;PE 为运营商边缘设备,主要的功能室是将 CE 侧路由进行分装和处理,把处理好的路由存到 VPN 的路由表中,再将用户的数据传输到网络侧隧道中;P 为运营商核心设备,主要完成路由按照公网的隧道进行快速转发的功能。CE 和 PE 之间使用的是路由协议、静态路由等 IP 形式对接。对于 PE 设备,其中包含了在运营商网络内部的公网路由表,它是所有 P 设备和 PE 设备路由的集合,运营商要为用户服务,那么运营商内部要提供 IP 可达性,因此网络内部要有一张全局路由表也就是公网路由表来支撑 IP 的服务,用于与运营商网络内部的其他 PE 和 P 设备进行通信的路由表,其中还有根据不同的 VPN 业务对应的多个 VRF(虚拟路由表),用户的 CE 接入 PE,就是说 PE 要接入不同的 VPN,对于不同的 VPN 业务会存有相应的 VRF,也就是说对于 VPN A,PE 中会存有一张 VRF A,对于 VPN B,PE 中会存有一张 VRF B。也就是说 VRF 对 L3VPN 来说是用来区别不同的用户、业务,起到用户之间的隔离作用。总的来说,PE 设备上存在了一个公网路由表和多个 VPN 的路由表也就是 VRF。

那么公网路由转发表和 VPN 的路由转发表存在以下的不同:(1)公网路由表包括所有的 PE 设备和 P 设备的 IPv4 路由,也就是运营商网络内部路由信息,由骨干网的路由协议或静态路由来产生,在运营商网路内部运行类似 OSPF 和 ISIS 等协议来产生。(2)VPN 路由表包括属于该 VRF 的所有 Site 的路由,也就是用户的路由信息,通过 CE 设备和 PE 设备之间,或者两个 PE 设备之间的 VPN 路由信息交互而获得。

2.静态 L3VPN 示列

如图 4 所示静态 L3VPN 通常由 4 台设备组成 L3VPN,其中很重要的概念就是 VPN

peer。VPN Peer 实现了私网路由的通告,通过静态指定的 VPN Peer,可以使节点进行静态路由扩散(仅限在网络侧路由的扩散),PTN 网络可以自动的扩散信息,需要通过网管的帮助,如果没有设置 VPN Peer 关系,网管会自动配置一个 full mesh 的 Peer 关系,使得设备两两互联,但去往用户侧和核心网的信息仍需手动配置,在 VPN Peer 关系内,如果其中的一台设备获得了用户侧的信息之后,它会发布给它的其他 VPN Peer。基站信息的路由无须进行手工配置,因为在 LTE 方案中 PTN 是作为网关来承载的,基站的网关在核心网的内部网关,核心网和基站地址在同一网段,PTN 间接知道基站的信息,故不用手工配置基站的路由。

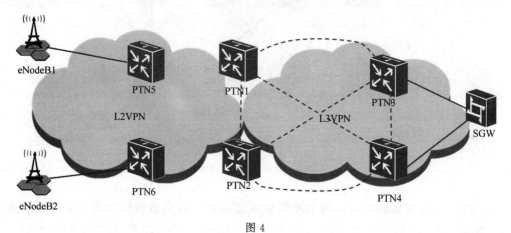

图 4

3. 静态 L3VPN 的转发示例

静态 L3VPN 的转发示例(以端到端为例):首先是标签的分发,VRF 标签和 Tunnel 标签的分发是由网关进行分发的,标签的分发不需要人工操作,只需要由网关负责,这就是隧道两层标签封装,人工只需要维护不同的 VRF 即可。PTN 承载 LTE 的方案是二层 VPN 加三层 VPN 的方案,在接入汇聚环使用 L2 VPN,这样简单方便,和原有网络有继承性,在核心环采用 L3VPN,实现基站和核心网 IP 路由之间的转发,不同的网段或不同的网络有不同的侧重点,综合来看采用二层加三层技术。

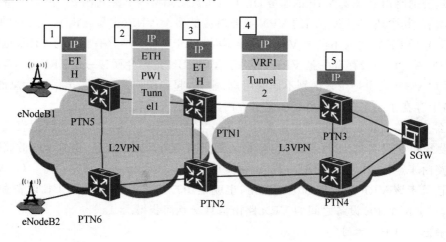

图 5

如果有个业务要从基站传往核心网,这个业务如何转发大致分为五步。

(1)接入侧 PTN 设备收到以太网数据包,内部含有 IP 和以太网数据。

(2)PTN 会根据用户侧接口和 PW 绑定关系选择合适的 PW 进行封装,PW 与 Tunnel 绑定,根据绑定的关系选择合适的 Tunnel 隧道进行转发。

(3)信息到达二层和三层的边缘,设备会去掉 PW 和 Tunnel 两层标签露出用户的报文(IP+以太)。

(4)三层网络主要看 IP 地址进行转发,将用户侧的以太部分终结掉,露出 IP 头部,PTN 网络会根据 IP 的目的 IP 去查看相应的 VRF 进行转发。

(5)PTN3 将 VRF 和 Tunnel 标签去掉,露出用户 IP 报文的头部,PTN 根据用户的目的 IP 地址查私网路由表进行转发,最后将用户的 IP 转发给核心网。

4. 静态 L3VPN 的优势

静态 L3VPN 相对于 L2VPN 或是动态 L3VPN 具有相当大的优势。静态 L3VPN 它的业务是可管可控,即使出现故障也可以迅速定位,维护人员可以快速上手,不需要十分强的 IP 基础,所以静态 L3VPN 的运维压力小,设备的复杂度低,成本低,使用的协议少,静态 L3VPN 的业务可以做到实时监控、可控可管十分方便,因为是静态的配置(类似于 SDH),管理维护起来相对简单,同时因为无须支持复杂的协议,所以其成本相对较低。

四、设计方案

PTN L3VPN 方案主要采用静态方式来实现,即:隧道采用静态隧道,路由以静态配置。基本思路是 NNI 侧的管道技术不变,采用 PTN 的静态隧道技术,以保留 PTN 在隧道层以下的 OAM 和保护技术。UNI 上支持 L3 的路由和转发能力,并通过 VRF 实现不同 L3 转发实例之间的隔离。

隧道技术:PE 之间的隧道技术仍然采用 PTN 的静态隧道技术,以充分利用 PTN 隧道的 OAM 和保护技术。

VPN 路由技术:PE 之间的 VRF 路由,通过网关配置静态路由来完成。

首先本组在 9008-1 上设置一条去往核心网的路由,那么其他 PTN(9008-2 和 9004)设备根据 VPN Peer 关系的路由扩散会自动生成一条去往核心网的路由,这也就是前面所说的 VPN Peer 的理论中的一部分。其次在 9008-2 配置一条去往核心网的路由,通过刚才的 VPN Peer 的路由扩散的关系,9008-2 设备是自动生成了一条去往核心网的一条路由。如果有用户从 9008-2 想访问核心网,9008-2 会通过 VPN Peer 的路由扩散,9008-2 的下一跳将指向 9008-1,也就是说用户将通过 9008-2 跳到 9008-1 这种间接的方式访问核心网。这也验证了 VPN Peer 的理论。对于 9004 到核心网的路由访问,在汇聚层设备 9004 有两条路由可以到达核心网,一条是通过 9008-1 直接访问核心网,另一条是通过 9008-2 跳转到 9008-1 再到核心网间接访问,这样就有了两条线路,其中一条可以设为主线路(9008-1),另一条为备线路(9008-2),备用线路对主用线路起到保护、缓解网络压力等作用。设计图如图 6 所示。

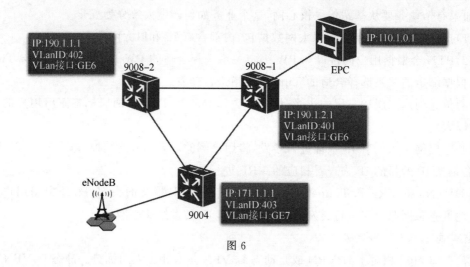

图 6

五、总结

　　静态 L3VPN 需要学习的基础知识非常的多（PTN 技术、LTE 方案、L3VPN 等），所以前期要准备非常多的资料来进行学习。L3VPN 在之前是非常火热的，因为在 PTN 中引入 L3VPN 是社会通信发展的需要，它的产生是必然。静态 L3VPN 在实现上，采用静态 MPLS 或 MPLS-TP 隧道技术，延续了 PTN 设备的保护机制；采用网关静态配置 VPN 路由的方式取代之前复杂的协议。网关集中式静态配置是 PTN 静态 L3VPN 相对于动态 L3VPN 的最大区别。静态 L3VPN 具备业务可控可管、维护方便及设备复杂度低等优势。静态 L3VPN 主要应用于移动回程网络中承载 LTE 业务，对向 IP 演进过程中的传输运营商具备吸引力。

参考文献

　　[1]于莉,申大伟.PTN 网络建设方案及规划[J].中国新通信,2018,20(19):32.

　　[2]徐青.特大城市郊区 PTN 网络覆盖方案研究[J].电信快报,2019(03):16-20.

　　[3]孙捷,姚尧,任德昊.PTN 中静态 L3VPN 的一种 IP 路由动态学习方法[J].成都信息工程大学学报,2018,33(05):503-508.

　　[4]薛帅利 PTN L3VPN 技术与应用研究[A],中兴通讯股份有限公司.

作者简介

　　王超,男,本科生,就读于北京信息科技大学信息与通信工程学院通信 1601 班。

　　尹健强,男,本科生,就读于北京信息科技大学信息与通信工程学院通信 1601 班。

　　郑浩平,男,本科生,就读于北京信息科技大学信息与通信工程学院通信 1601 班。

　　郑壬,男,北京中兴协力科技有限公司。

　　杨玮,女,北京信息科技大学教师。

PTN中共享环保护的优势与部属

罗明馨 郑陆一 叶玉成

(北京信息科技大学信息与通信工程学院,北京,100101)

摘 要:随着近年来移动互联网的迅速发展,移动互联网终端数量的巨幅增加,运营商网络中的 IP 流量不断增加,而人们对网络的可靠性和安全性的需求也越来越高。PTN 技术具有分组交换、统计复用的优势,网络规模大,承载业务种类多、业务量巨大,对网络业务的安全性要求严格等特点。本文通过对 PTN 网络保护方式的分析及线性保护、环网保护(主要是共享环保护)作对比以及根据城域 PTN 组网的分布特点,分析了共享环保护方式的优缺点并设计完成保护部署方案(着重共享环保护)。并根据天津市城域网络中 PTN 用户业务的具体需求设计网络拓扑及保护方案,最终在中兴设备上再现该网络设计方案,验证了本文所提出方案的有效性和可靠性。

关键词:PTN 用户业务;组网;规划;共享环保护。

Advantages and subordinates of Shared ring protection in PTN

Luo Mingxin   Zheng Luyi   Ye Yucheng

Abstract: In recent years as the rapid development of mobile Internet, mobile Internet terminals (has) increased dramatically, increasing operators in the network IP traffic, and people's demand for reliability and security of the network is becoming more and more high, PTN technology has the advantages of packet switching, statistical multiplexing network scale, carry business variety, huge volume, strict in the security of the network business, etc. In this paper, through the analysis of PTN network protection mode and the comparison between linear protection and ring network protection (mainly Shared ring protection), and according to the distribution characteristics of metropolitan PTN network, the advantages and disadvantages of Shared ring protection mode are highlighted and the protection deployment scheme is completed (focusing on Shared ring protection). According to the specific needs of PTN users in tianjin metropolitan network, the network topology and protection scheme was designed, and finally the network design scheme was reproduced on zte equipment, verifying the effectiveness and reliability of the scheme proposed in this paper.

Keywords: PTN user service; networking; planning; Shared ring protection.

一、引言

随着近年来移动互联网的迅速发展,移动互联网终端数量的巨幅增加,运营商网络中的 IP 流量不断增加,而人们对网络的可靠性和安全性的需求也越来越高,而在当今 LTE

(Long Term Evolution)技术的高度成熟与高普及性下,4G业务上的所产生的流量已十分巨大,而在LTE中的所在的主要承载技术为PTN(Packet Transport Network,分组传送技术),PTN具有多业务承载、提供端到端的区分服务、全程电信级保护机制等突出特点,所以基于优秀的PTN保护机制,在城域承载PTN网络结构上,研究设计更有效也更有优势的保护方案对用户业务进行保障就显得十分重要。

本文在深入研究PTN的共享环保护技术的原理及优势,以及在PTN承载网的组网规则的基础上,为天津市城域PTN承载网中提供了保护方案的部署与规划方案,提高PTN承载网的可靠性与安全性,为政企和家庭提供高可靠性的PTN承载网用户业务。

二、研究主要内容(PTN中共享环保护的优势与部属)

1.分析PTN网络保护方式,线性保护、环网保护的原理,突出共享环保护方式的优缺点

由于现网一般是分层次组网,环网保护主要是用于当发生汇聚环和接入环异测断纤时,能够对线性工作隧道进行保护。即从端到端的隧道保护方式改变为基于环保护的方式。接入环断纤只有接入环倒换,不影响汇聚环;汇聚环断纤只有汇聚环倒换,不影响接入环,如图1所示。

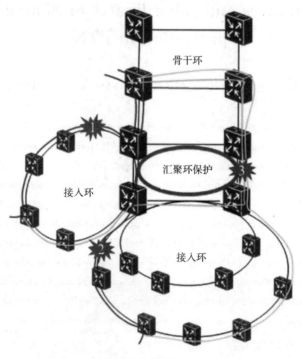

图1 环网保护

故障点倒换将业务隧道倒换至环形保护隧道上,如图2所示。当LSP≥1000条时,采用LSP1∶1保护,则OAM的总带宽是$1000×0.2=200M$;采用环网保护,则OAM的带宽是$1×0.2=0.2M$。

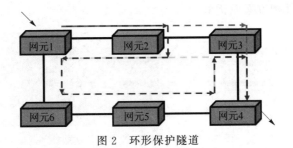

图 2　环形保护隧道

提出故障问题：

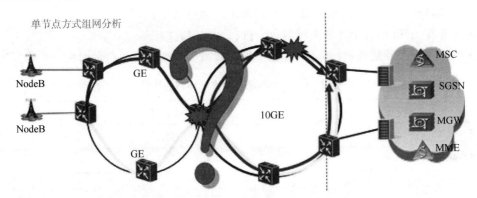

图 3　关键节点失效将导致全网瘫痪

解决方案：

（1）ZTE 跨环双节点保护是利用隧道的线性保护＋环网保护 分层保护形式实现的需要 TMP CC 周期设置为 10 ms，TMS CC 周期设置为 3.33 ms。

（2）这样出现故障后 TMS 先检测到告警，环网先倒换，如果倒换成功，隧道 TMP 不会检测到告警，隧道保护组不倒换。

（3）如果环网保护失效，隧道 TMP 才会检测到告警，实施倒换。

（4）跨环双节点保护解决了跨环节点失效的情况。

（5）跨环双节点保护解决移动迫切需要的接入环和汇聚环同时断纤情况下的业务保护。

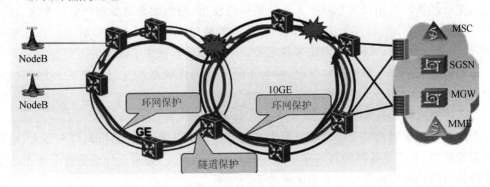

图 4　双环双节点保护原理

（6）共享环环网保护方案及优势

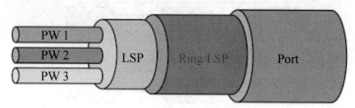

图 5　共享环环网保护方案及优势

- G.8132 环网存在 LSP 数量较大的问题，在现网部署有一定难度；
- 共享环保护利用标签嵌套，减少在环网上的隧道数量；
- 业务在入环时，打上环隧道标签，出环时剥离环隧道标签；
- 倒换是基于外层隧道（环隧道）的，可以有效减少倒换动作执行的时间。

表 1　G.8132 环网与共享环环网的比较

	G.8132 环网	共享环环网
国际标准化	G.8132	中移标准
标签层数	2	3
业务 LSP 标签是否环内全局分配	否	是
环工作 LSP 数量	M	2N（注 1）
环保护 LSP 数量	M	2N
倒换速度	慢	快
配置维护复杂性	复杂，需对每条业务配置保护	相对简单，对环上节点构建工作保护隧道后，业务在入环点和出环点进行对应配置
现网业务改造难度	不需改造	需设备版本支持，同时改造 LSP 路径

共享环保护方案使用工作环标签进行业务区分，以达到网络保护和减少保护隧道的目的。当 PTN 网络设备出现问题时，相邻节点根据 APS 请求进行倒换，上游节点在故障发生后根据下游 APS 请求触发倒换，倒换后业务被打上第三层标签，具有以下特点。

工作环标签的使用极大地减少了保护路径的使用，网络配置难度和设备成本大大降低，使 PTN 网络的应用更加方便快捷。但三层标签的使用也带来了一定的缺点。在标签的掩盖下，当设备出现节点故障时，无法准确定位。给设备维修带来了极大的不便。

结论：现网应用中，根据实际情况，综合不同方案的优缺点，才能让 PTN 环网保护方案臻于完美。

2. 天津市城域承载网规模规划

本次项目的规划是以天津市城域网为基础进行保护部署的，天津市人口密度大，承载网承载业务繁多，对于承载网的高可靠承载性的要求也就更大，方案设计更要因天津市的业务种类繁多而因地制宜地设计出更为优良的保护部署。

天津市网络拓扑图如图 6 所示。

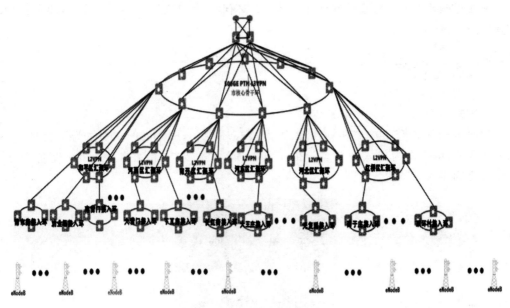

图 6　天津市网络拓扑图

天津市网络配置参数表如表 2 所示。

表 2　天津市网络配置参数表

网络结构	成环数	带宽分配
接入层	120	120GE
汇聚层	6	90GE
核心层	1	67.5GE

3. 共享环保护部署方案及业务故障保护

保护部署方案：保护部署方案是根据不同城区的承载需求所设计的，主要部署汇聚环及接入环保护，当出现不同故障时，有更优质的保护方案。

在人口密度大的汇聚环中部署：

• 在汇聚环上配置伪线双归保护，在人口密度,承载流量大处的接入环配置伪线一直到 L2/L3 桥接点。

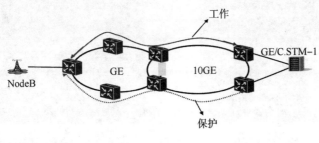

图 7

• 在汇聚环上配置隧道的线性保护和共享环保护，用于保护汇聚层隧道，共享环保护的倒换时间短，更加灵活快速，设置周期可使共享环优先倒换。

三、实验过程

1. 实验拓扑

如图 8 所示，将 9008-1 和 9008-2 作为核心环设备，6300 和 9004 作为汇聚环设备，6200-1 和 6200-2 作为接入环设备。由于 9004 设备不支持，故在汇聚 6300 设备和接入 6200-2 之间接入一条线。

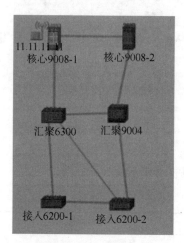

图 8　实验拓扑图

2. 对比线型隧道保护和无保护

线型隧道保护和无保护如图 9、图 10 所示。

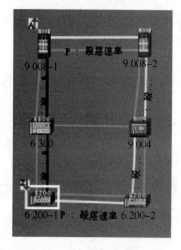

图 9　线型隧道保护

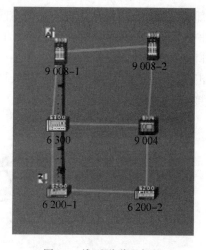

图 10　线型隧道无保护

配置参数如表 3 所示。

表 3 参数配置表

	线型保护情况	无保护情况
组网类型	线型	线型
保护类型	线型保护	无保护
终结属性	终结	终结
组网场景	普通线型＋隧道线型保护＋两段终结	普通线型无保护
组网样图	A — Z	A — Z
保护策略	完全保护	

设置 9004 设备的路由必经为网元必经。显然,无保护的情况在实际应用中弊端十分大,假若出现故障,网络将出现瘫痪。而线型保护在设置必经路由的情况下也显示出弊端。由于实际中有可能线型保护和共享环保护同时存在,所以可以设置 MEG 中的发送周期以使得能两者工作互相补充,此处设置为 3.33 ms。

3. 创建并配置保护子网

如图 11 所示,创建保护子网。

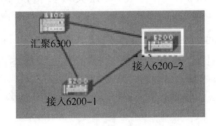

图 11 保护子网

子网类型是共享环,管理状态为 CTN 段层环形。三个节点汇聚 6300、接入 6200-1、接入 6200-2 的保护参数相同。

保护子网的实际路由如图 12 所示。

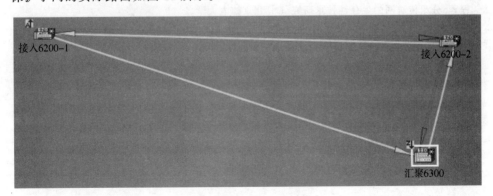

图 12 保护子网的实际路由

4. 设置断纤

设置汇聚 6300 至接入 6200-2 之间断纤，实验中直接将两台设备之间的光纤拔出。

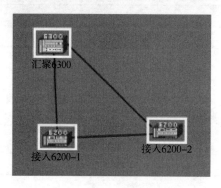
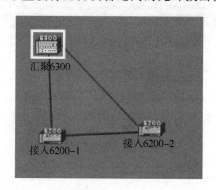

图 13　不断纤　　　　　　　　图 14　断纤

5. 实验结果

实验得出有共享环保护的情况下，连接设备之间的光纤断了一根，整个环网仍可以正常工作，说明了 PTN 共享环的保护作用有效，且在大多数情况下优于线型保护和无保护情况。实验得出有共享环保护的情况下，连接设备之间的光纤断了一根，整个环网仍可以正常工作，说明了 PTN 共享环的保护作用有效，且在大多数情况下优于线型保护和无保护情况。共享环保护方案使用工作环标签进行业务区分，以达到网络保护和减少保护隧道的目的。当 PTN 网络设备出现问题时，相邻节点根据 APS 请求进行倒换，上游节点在故障发生后根据下游 APS 请求触发倒换，倒换后业务被打上第三层标签，倒换是基于外层隧道（环隧道）的，可以有效减少倒换动作执行的时间。

参考文献

[1]平殿伟.周立群.PTN 环网保护方案分析.吉林吉大通信设计院股份有限公司,2016.
[2]国家统计局天津调查总队.天津统计年鉴,2018. http://61.181.81.253/nianjian/2018nj/zk/index-ch.htm
[3]张剑.MPLS_TP 线性保护中的共享 MESH 保护倒换机制[D].北京邮电大学,2013.
[4]洪菁岑.PTN 设备环网保护机制的研究与实现[D].武汉邮电科学研究院,2014.
[5]程蓉.分组传送网的生存性技术研究[D].北京邮电大学,2011.
[6]郭翔.基于 PTN 保护和 OAM 技术的研究[D].北京邮电大学,2011.
[7]尹峣.SDH/WDM/PTN 在移动通信中应用的研究[D].天津大学,2010.

作者简介

罗明馨,女,本科生,就读于北京信息科技大学信息与通信工程学院通信 1601 班。
郑陆一,女,本科生,就读于北京信息科技大学信息与通信工程学院通信 1601 班。
叶玉成,男,本科生,就读于北京信息科技大学信息与通信工程学院通信 1601 班。

PTN 中电信级业务的质量保证与应用

王惊涛　李豪杰　林嘉晟　郑　壬　李振松

(北京信息科技大学信息与通信工程学院,北京,100101)

摘　要：分组传送网(PTN)技术已进入大规模部署和实际应用阶段,数据业务流量迎来爆发式增长,承载业务的 PTN 网络面临巨大挑战,为降低网络拥挤的风险,保证重要业务传输质量,在 PTN 网络中部署 QoS 优化变得十分重要。部署 QoS 需要深入了解 PTN 网络的技术特点,深入研究 QoS 保障机制,结合业务的实际情况,制定合理的 QoS 部署方案。

本课题以 PTN 网络业务质量保证为重点,对 PTN 网络进行分析,对各个业务流量模型、保护方式、业务带宽、转发优先级进行介绍,在此基础上创新地提出了针对该 PTN 网络各类业务的 QoS 详细设计与实现方案,制定相应的限速规则、优先级映射规则、流分类规则。并在中兴 U31 统一网管系统中采用不同配置对 PTN 网络的 QoS 功能进行了实验验证,测试了在 PTN 网络的不同作用点进行带宽限制的效果,并将结果进行对比。结果表明,QoS 部署满足了用户的业务传输质量需求,实现了 PTN 网络的差异化服务。

关键词：分组传送网；业务传输质量；部署方案；差异化服务。

Quality assurance and application of telecommunication-grade services in PTN

Wang Jingtao　Li Haojie　Lin Jiacheng　Zheng Ren　Li Zhensong

Abstract: The packet transport network (PTN) technology has entered the stage of large-scale deployment and practical application. The data service traffic is experiencing explosive growth. The PTN network carrying the service faces great challenges. To reduce the risk of network congestion and ensure the quality of important service transmission, It is very important to deploy QoS optimization in PTN networks. Deploying QoS requires an in-depth understanding of the technical characteristics of the PTN network, an in-depth study of the QoS guarantee mechanism, and a reasonable QoS deployment plan based on the actual situation of the service.

This topic focuses on the PTN network service quality assurance, analyzes the PTN network, introduces each service traffic model, protection mode, service bandwidth, and forwarding priority. On this basis, it proposes innovatively for the PTN network. The QoS detailed design and implementation plan, the corresponding speed limit rules, priority mapping rules, and flow classification rules are formulated. In the ZTE U31 unified network management system, different configurations are used to verify the QoS function of the PTN network. The effect of bandwidth limitation on different points of the PTN network is tested, and the results are compared. The results show that the QoS deployment meets the user's service transmission quality requirements and realizes the differentiated service of the PTN network.

Key words: the packet transport network; Quality of business transmission; Deployment scenario; Differentiated services.

一、引言

随着我国信息通信产业的快速发展,信息化建设深入推进,数据业务流量迎来爆发式增长,这对承载业务的分组传输网(Packet Transport Network, PTN)提出了更高的要求,主要体现在对 QoS 的要求,必须保证 QoS 的优化才可以保证业务传输质量。

PTN 是基于分组技术、面向连接的多业务综合传送技术。PTN 拥有传送网的优点,增强了分组业务的操作管理维护,舍弃了复杂的无连接特性,不仅可以承载电信级以太网业务,还可以兼容时分复用等业务,是 MPLS、以太网和传送网三种技术相结合的产物。随着通信产业快速发展,PTN 网络出现负荷过重的趋势,导致业务拥塞,用户体验差,所以在业务拥塞时,根据优先级保证业务传输质量的稳定已经成为了非常急切的任务。

服务质量(Quality of Service, QoS)技术可以用来解决这个问题。QoS 在承载通道宽带不足的情况下,可以用于解决各种流量带宽占用之间的矛盾,将优先级高的用户分出来送入"绿色通道",保证其在网络忙时也能得到优先处理,从整体角度确保不同种类业务的正常传输。

二、PTN 网络简介

分组传送网络(PTN)是基于分组技术、面向连接的多业务综合传送技术。PTN 拥有传送网的优点,增强了分组业务的操作管理维护,舍弃了复杂的无连接特性,不仅可以承载电信级以太网业务,还可以兼容时分复用等业务,是 MPLS、以太网和传送网三种技术相结合的产物。

相较于其他传送技术,PTN 可以全业务承载,生存性高,并且可以良好同步,同时 PTN 还具有全业务承载能力,其使用差异化服务的 QoS 机制提供不同类型业务的支持能力。

三、QoS 技术简介

1. QoS 定义

QoS 即 Quality of Service 指的是:通信网络对业务,能够保证可预期的带宽、延迟、延迟抖动和丢包率等方面的服务水平。使应用或用户的请求以及响应满足可预知的服务级别。

在传统的分组网络中,所有报文均采用 FIFO (First in First out)队列、尽力转发(Best-Effort)的方式进行处理。但该方式无法满足新业务对带宽、延迟、延迟抖动和丢包率等方面的要求。为解决该问题,便出现了 QoS 技术。QoS 技术可以针对各种业务,如语音、视频以及数据等的不同需求,提供有差异的服务质量。降低报文的丢失率,调节网络流量,提高宽带利用率,避免并管理网络拥堵。

2. 定量衡量 Qos 的核心指标

业务可用性:业务的正常运行时间。

延迟:数据包在两个参考点间从发送到接收的时间间隔。

抖动:经同一路发送一组数据包,在接收到该组数据包的时间时隔差异。
吞吐:网络中发送数据包的速率,一般可用平均速率或峰值速率表示。
丢包率:在网络传数据包时丢弃数据包的最高比率。

3. QoS 区分服务模型

区分服务模型即 Differentiated service,简称 Diffserv。在差分服务机制下,用户和网络管理部门之间需要预先商定服务等级合约(SLA)。根据服务等级合约,不同用户的数据流被分别赋予不同的特定优先等级,可以用不同的方法来指定数据流的 QoS。将实现的复杂度大部分限制在网络边界节点上,将进入网络的单流分类、整形、聚合为不同的流聚集,这种聚集信息存储在每个 IP 报头的 DS 标记字段中,称为 DSCP;在内部节点上,只需根据 IP 报头中的 DSCP 选择提供特定质量的调度转发服务,称为"逐跳行为"(Per-Hop-Behavior, PHB)。

以下为 PHB 的四种类型:

(1)类选择码 CS (Class Selector),包括 CS7 和 CS6 两类,用来转发控制信令。

(2)加速转发 EF (Expedited Forwarding),用于时延要求高,需严格保证的业务。

(3)确保转发 AF (Assured Forwarding),包括 AF4、AF3、AF2 和 AF1 四类,每一类 AF 业务又可以再细分为三种不同的优先级。

(4)尽力而为 BE (Best-Effort),即传统的 IP 分组投递服务,只关注可达性,其他方面不做任何要求。

四、PTN 网络规划

建设网络之前,首先需要进行选址,确定网络建设的目的地。综合网络流量需求、人口分布和地区经济情况,最终确定了以太原市作为建设 PTN 网络的城市。图 1 为规划的网络拓扑图。核心网设立在鼓楼广场、森林公园、太原市第六十二中学校、太原市大学生科技创业园附近,因为这些场所位于太原市的中心区,人口密度大且到其他各地区的距离均衡。汇聚环的选择需要综合考虑,对中心区和郊区都需要进行考虑,尽量做到各方面兼顾和折中。接入环则考虑得更为细致,但由于地方受限,图 1 没有进行详细的布局,只是进行简单的示意。

图 1　太原市 PTN 网络规划示意图

五、PTN 网络中 QoS 方案设计

在已经设计好的太原 PTN 规划网络基础上选择了几种业务类型,包括 LTE 基站业务、专线业务和其他业务类型。我们对这些业务进行了业务特点的分析并尝试部署了其 QoS 方案。在制定 QoS 策略时要确保高优级的业务优先处理,同时满足其他优先级的所有

业务处理的相对公平性。在满足业务传输的 QoS 性能要求的前提下,尽量简化 QoS 策略和参数配置,尽量避免配置不合理导致系统性能降低。

1. LTE 基站业务 QoS 配置方案设计

(1) QoS 需求分析

① 带宽需求分析

根据 LTE 基站传输带宽需求,一个基站的最大峰值带宽可以达到 320Mbit/s。PTN 的接入环速率约为 40 MB/s,一个接入环上可以承载 4~8 个 LTE 基站。

② 优先级需求分析

LTE 基站服务于上网、实时图像、VOLTE 等业务,每种业务对网络 QoS 的要求不同,所以要求细分 LTE 各个业务,确定好优先级,保证高等级业务的传输质量。

③ 调度需求分析

LTE 基站送入 PTN 网络的流量包含了不同优先级的多个业务流,所以针对不同的业务需要不同的调度优先级。针对 CS7、CS6、EF 级别的业务流采用 SP 队列调度,保障优先级高的业务的转发。对 AF1~AF4 类型的业务流采用 WFQ 队列进行公平调度。

(2) QoS 部署方案

详情见表 1。

表 1 LTE 业务的 QoS 部署方案

LTE 基站的 QoS 部署方案	配置建议
UNI 端口 QoS 流分类规则	上行方向基于端口＋VLAN PRI,下行方向基于端口＋IP DSCP
UNI 入口优先级映射	信任基站无线报文的原始优先级
优先级调度策略	SP 严格优先级＋WFQ 加权公平队列
拥塞控制机制	WRED 加权随机先期检测

2. 专线业务 QoS 配置方案设计

根据客户具体的接入位置和业务流量,以太网专线业务可分为两种业务开放模式:第一类集团客户内部多分支机构之间的多点互联业务,第二类是集团客户接入互联网的点到点专线业务,按照专线位置可分为跨汇聚区组网和统一汇聚区域内组网,配置方式均相同。

QoS 部署方案详情见表 2。

表 2 集团客户专线业务的 QoS 部署方案

项目	配置建议
UNI 端口流分类规则	基于端口＋VLAN
UNI 入口优先级映射	一级客户 EF、二级客户 AF4、三级客户 AF3 及 AF2,普通专线用户 AF1
优先级调度	SP 严格优先级＋WFQ 加权公平队列
拥塞控制	WRED 加权随机先期检测

3. 其他业务类型 QoS 配置方案设计

PTN 网络中承载的其他业务中较为有特点的是营业厅 BOSS 接入和营业厅视频监控等。

① 营业厅 BOSS 接入专线,详情见表 3。

表 3 营业厅 BOSS 接入专线业务的部署方案

项目	配置建议
UNI 端口 QoS 流分类规则	基于端口
UNI 入口优先级映射	固定为 EF 类
优先级调度策略	SP 严格优先级
拥塞控制机制	WRED 加权随机先期检测

②营业厅监控,详情见表 4。

表 4 营业厅监控业务的 QoS 部署方案

项目	配置建议
UNI 端口 QoS 流分类规则	基于端口
UNI 入口优先级映射	固定为 AF2 类
优先级调度策略	WFQ 加权公平队列
拥塞控制机制	WRED 加权随机先期检测

六、QoS 配置方案功能验证

1. 测试平台

如图 2 所示,选取前期规划的太原市的核心环与汇聚环作为测试网络。使用了中兴的 U31 统一网管系统进行了模拟测试,组网截图如图 3 所示。核心环设备为 9008,汇聚环设备为 9004 和 6300,同时还加入了两个接入环设备 6200 以模拟整个系统。

图 2 太原市核心环与汇聚环

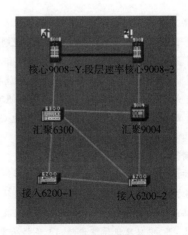

图 3 测试网络截图

2. 测试情况

测试步骤和结果:

(1) 在两台 9008 上配置一条低等级的业务,在业务的两个端口分别连接计算机,计算机上装有 VLC 视频播放软件。在其中一台计算机上设置视频串流,在另外一台计算机上接收视频串流,可以观察到视频播放有明显的卡顿。

(2) 在两台 9008 上配置另外一条业务,此业务的等级较高。在业务的两个端口分别连接计算机,计算机上装有 VLC 视频播放软件。在其中一台计算机上设置视频串流,在另外一台计算机上接收视频串流,可以观察到在播放同等清晰度的同一视频时,视频播放没有卡顿,非常流畅。

3. 测试总结

利用前期规划好的 PTN 网络,在统一网管系统中进行模拟部署 QoS,通过传输视频对业务性能进行测试,发现部署 QoS 后,可以保证重要业务的质量,实现了在 PTN 网络上提供差异化服务的目标。

七、总结和展望

本课题以 PTN 网络业务传输质量为重点,从业务流量模型、保护方式、业务宽带、转发优先级进行学习,在此基础上制定了 PTN 网络 QoS 相应的限速规则、优先级映射规则、流分类规则等实现方案,提出了 PTN 网络的 QoS 部署方法。最终通过中兴 U31 统一网管系统,采用不同的配置对 PTN 网络的 QoS 功能进行实验验证,并将实验结果进行对比。结果表明通过 QoS 部署实现了 PTN 网络的差异化服务,满足了用户的业务传输质量需求。

本课题制定的 QoS 方案是在伪线上进行限速,配合相应的优先级规则进行实现。但是如果针对一类业务进行限速,当前的方案还不足以支持,需要利用 PTN 网络层次化的 QoS 优势,在不同层级上分别进行 QoS 控制,才能为用户以及业务提供更精细化的 QoS 服务。

参考文献

[1] 龚倩,邓春胜,王强,徐荣. PTN 规划建设与运维实战[M]. 北京:人民邮电出版社,2010.
[2] 陈刚. PTN 网络的 QoS 方案研究和实现[D]. 电子科技大学,2015.
[3] 田均. 城域 PTN 传输网的业务开放模式分析[J]. 电信技术,2009.
[4] 张育峰. 基于 MPLS 的 QoS 机制研究及其实现[D]. 浙江:浙江大学,2008.
[5] 刘辰. 基于 DiffServ 模型的层次化 QoS 研究[D]. 南京:南京航空航天大学,2008.

作者简介

王惊涛,男,本科生,就读于北京信息科技大学信息与通信工程学院通信 1601 班。
李豪杰,男,本科生,就读于北京信息科技大学信息与通信工程学院通信 1601 班。
林嘉晟,男,本科生,就读于北京信息科技大学信息与通信工程学院通信 1601 班。
郑壬,男,中兴通讯学院讲师,14 年起从事 sdh、otn、pon 等产品,以及 data、ptn、ipran 等产品的运营商培训、企业技术培训。
李振松,男,北京信息科技大学信息与通信工程学院高级实验师,长期从事通信工程专业实践教学。

基于 Arduino 的两轮平衡小车防摔倒设计

李奇霏　解靖烨　白　璐　张战峰

(北京信息科技大学　信息与通信工程学院,北京 100101)

摘　要:双轮小车是一种本质不稳定的机器人,具有结构简单、易于实现等特点。该设计作为平衡小车的初步研究,目的是通过软硬件设计控制一个两轮小车,使其在供电后,可实现无人干预下平衡直立防摔倒。采用 PID 算法、卡尔曼滤波算法,实现一个基于 Arduino 的两轮防摔倒平衡小车系统。采用 MPU6050 模块来进行实时姿态采集,进而弥补动态误差以及陀螺仪的漂移误差,获得更精确的倾角值。采用两个步进电动机作为移动驱动装置,控制器通过 PID 控制算法计算出合理脉冲频率及脉冲数,实现对两个步进电动机的实时动态控制,使小车保持自平衡。

关键词:两轮平衡小车;卡尔曼滤波算法;PID 算法;MPU6050;步进电动机。

Abstract: A two-wheeled car is an intrinsically unstable robot with simple structure and easy implementation. As a preliminary study of the balancing car, the design aims to control a two-wheeled car through hardware and software design, so that after power supply, it can achieve balanced upright and fall-proof without human intervention. A two-wheeled anti-fall balance car system based on Arduino is realized by using PID algorithm and Kalman filter algorithm. MPU6050 module is used for real-time attitude acquisition to compensate for dynamic errors and gyroscope drift errors and obtain more accurate inclination values. Two stepper motors are used as mobile driving devices. The controller calculates reasonable pulse frequency and pulse number through PID control algorithm, realizes real-time dynamic control of the two stepper motors, and keeps the car self-balanced.

一、本课题的目的及意义,国内外研究现状分析

1.目的

两轮自平衡小车两轮共轴、独立驱动、车身重心位于车轮轴上方,通过运动保持平衡,可以直立运动,因为特别的结构,它对于地形的变化有很强的适应能力,有着良好的运动性能,能够在比较复杂的环境里面的工作,和传统的轮式移动机器人相比较,两轮自平衡小车有着以下几个优点:

(1)能够实现在原地回转和任意半径的转向,有更加灵活易变的移动轨迹很好地弥补了传统多轮布局的缺点;

(2)具有占地面积小的优点,能够在场地面积很小或者要求灵活运输的场合使用;

(3)车的结构上有很大的简化,可以把车做得更轻更小;

(4)有着较小的驱动功率,能够让电池长时间供电,为环保型轻车提供了一种新的概念。

2.意义:

两轮自平衡小车是一个集动态决策和规划、环境感知、行为控制和执行等多种功能于一

体的综合复杂系统,其关键是在解决自平衡的同时,还能够适应在各种环境下的控制任务。通过运用外加速度传感器、超声波传感器、倾角传感器、防碰撞开关等,可以实现小车的跟踪、路径规划和自主避障等多种复杂的功能。还可以把 GPS 和惯性导航设备配备到小车上实现组合导航。所以,两轮自平衡小车是一个实现起来相对简单的复杂系统,受到世界各个国家的重视,具有较高的学术研究意义。正因为有了这些优点,两轮自平衡小车经过一定的改造就可以制造成战场机器人或者"保姆"机器人,具有广阔的应用前景。

3. 目前国内外的研究和发展状况

两轮自平衡小车自问世以来,迅速成为研究各种控制理论的理想平台,具有重大的理论意义,这要归功于它不稳定的动态性能和系统所具有的非线性。近年来,两轮自平衡小车的研究开始在美国、日本、瑞士等国得到迅速的发展。建立了多个实验原机型,提出来众多解决平衡控制的方案,并对原机型的自动平衡性能与运动特性进行了验证。通过对两轮自平衡系统的改造,可快速方便地应用到众多环境中去,如承载、运输、代步等。这其中蕴藏着巨大的商机,相应有些国外公司现在已经推出了商业化产品,并且已经投放到了市场。

二、双轮平衡小车受力分析以及平衡原理

1. 受力分析

对自平衡小车进行受力分析可知:在没有外力的作用下,车体处于不稳定的状态,处于倾倒的趋势。

从受力平衡的角度分析,只有当车体重力的方向和地面对车轮支持力的方向同线反向时(即二力之间角度为 180°),车体才会处于稳定平衡的状态。当支持力和车体之间呈现倾角 θ 的时候,车体就会有倾倒的趋势。在现实中,θ 角会受到很多因素的影响,并且一直存在,即使角度可能很小。这时车身重力方向和支撑力之间也会产生夹角,会导致 θ 角越来越大,直至倾倒。

2. 平衡原理

从上述分析可以得出,θ 角度的产生是导致两轮平衡车倾倒的最主要的原因,因此,如果要使平衡小车保持平衡状态,就需要把 θ 角控制在合适的范围内才可以使小车不至于倾倒。

通过研究分析,我们得出:当 θ 为零时或者接近 0 时车体保持平衡,而当 θ 角超过平衡的角度范围是就趋于倾倒,这时当 θ 角变大时,通过控制系统获取 θ 角的大小,通过控制电动机的转动来带动车轮转动,对 θ 角的大小进行调节,使 θ 角基本为 0 从而保证车体的平衡。

三、车体姿态控制

1. MPU6050 传感器简介

MPU6050,即 3 轴陀螺仪传感器以及 3 轴加速度传感器,能在外围连接磁力传感器,使用同步串行总线可以通信其他的数字型模块,并运用本身的数字运动处理器以及 IIC 接口,把所测得的模拟量转换为数字量,最终传达至主控芯片,但要获取实际的角度值以及角速度值,仍需一个转换关系,才能得到两者的实际值。

因为要捕捉速度不定的移动状态,操控者需要选择不同的范围,陀螺仪和加速度计的选择范围非常丰富,每个有四个梯度。MPU6050 如图 1 所示。

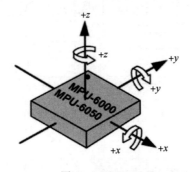

图 1　MPU6050

2. Kalman 滤波算法

Kalman 滤波的思路为:利用信号、噪声的状态空间模型,以最小均方误差为最优估计准则。根据前一时刻的估算值与此刻的观测值实时替换状态变量的值,得出此刻状态变量的估算值。依据建立的系统方程与观测方程,然后对所需处理的信号,做出适合的最小均方差估计。跟互补滤波比较,该算法处理起来虽复杂,但它有更好的性能。对于大多数问题的求解,其最优、效率高,甚至最有用的特点尽显。

为得到更确切的车体倾角值,降低陀螺仪的漂移、车体摆动等对小车加速度计的干扰,需要对陀螺仪与加速度计的输出值进行融合,本设计将采用 Kalman 滤波算法进行数据融合。该算法属于一类效率很高的递归滤波器,可从一连串复杂的噪声测试中,估算出动态系统的姿态。当小车失去平衡时,该 PID 算法就会起作用,处理小车车体的角度与角速度值,产生实时的 PWM 波形,用以驱动电动机来让小车的车体维持平衡,小车姿态平衡控制如图 2 所示,其中,K_d,K_p,K_{sp},K_{is} 为 PID 控制器参数。其控制框图如图 3 所示。

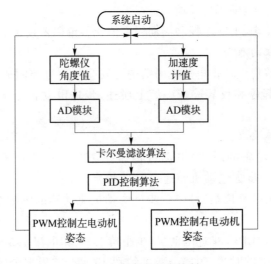

图 2　小车姿态平衡控制

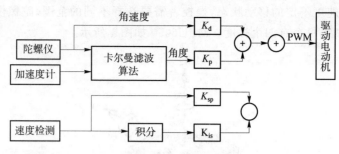

图 3 小车姿态平衡控制框图

四、步进电动机驱动模块

1. 步进电动机的优点

(1)步进电动机没有电刷,寿命更长。

(2)开环控制即可达到较高的精度,是低成本的数控系统的首选。

(3)没有累积误差,有较好的位置精度。

(4)可以不经过减速器直接带负载。

2. 步进电动机与直流电动机平衡小车控制差异

(1)定时器配置

直流电动机平衡小车:PWM 模式。

步进电动机平衡小车:输出比较模式。

(2)直立控制

直流电动机平衡小车:PD 控制器。

步进电动机平衡小车:P 控制器。

(3)速度反馈与控制

直流电动机平衡小车:编码器反馈。

步进电动机平衡小车:上一个控制周期频率值代替编码器反馈。

3. 采用步进电动机的原因

步进电动机的这些优点使得电动机的结构比较简单而且控制成本较低、有比较宽的转速范围且具有优秀的起停和反转响应。综上所述,步进电动机十分适合自平衡车车轮的驱动。

4. 步进电动机转速要求

一般配合 65 mm 轮胎的时候,电动机转速在 250 rpm 以上才能满足平衡小车的要求,频率转速计算公式:步进电动机转速=脉冲频率×60/((360/T)×X)(步进电动机转速单位是:rpm;脉冲频率单位是:Hz;X:步进电动机驱动器的细分数;T:步进电动机固有步距角)

根据我们的经验,使用 42 步进电动机(步距角 1.8°,相电流 1.3~1.7A)制作平衡小车,当配备 16 细分的驱动器的时候,频率一般可给到 13 kHz。根据公式计算出以上使用的步进电动机转速是 243.75 rpm。

5. 步进电动机工作原理

电动机的转子为永磁体,当电流流过定子绕组时,定子绕组产生一矢量磁场。该磁场会带动转子旋转一角度,使得转子的一对磁场方向与定子的磁场方向一致。当定子的矢量磁场旋转一个角度。转子也随着该磁场转一个角度。每输入一个电脉冲,电动机转动一个角度前进一步。它输出的角位移与输入的脉冲数成正比、转速与脉冲频率成正比。改变绕组通电的顺序,电动机就会反转。所以可用控制脉冲数量、频率及电动机各相绕组的通电顺序来控制步进电动机的转动。图4为步进电动机原理。

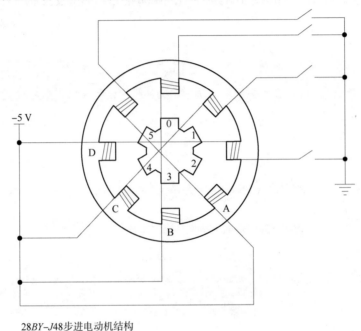

28BY-J48步进电动机结构

图4 步进电动机原理

五、技术路线

首先通过搭建两轮平衡车的硬件电路和机械结构,硬件电路主要包括陀螺仪和加速度电路、电动机驱动电路等;其次进行算法的设计,主要包括控制电动机的 PID 算法控制器的设计以及对陀螺仪和加速度进行滤波的卡尔曼滤波算法设计;最后进行系统整合和相关的系统功能,通过不断地调整使小车处于平衡的状态。

六、结语

本文介绍的基于 Arduino 和步进电动机的平衡小车,主要由卡尔曼滤波、MPU6050 模块信息采集构成,围绕主控制程序将各功能函数连接起来,然后组建相应的软硬件平台及调试,实现了直立、行走、转向等基本功能。对于 MPU6050 的使用采用了 DMP 硬件解码,减低了运动处理运算的负荷,也降低了开发难度。采用这种设计的同时,也加宽了轮子宽度,以达到降低重心防摔倒的功能。该平衡小车具有普遍的实用价值及现实意义。

参考文献

[1] 宣丽萍. 基于 STM32F103RCT6 两轮自平衡小车设计. 黑龙江科技大学, 2018.

[2] 徐施博, 李辉, 黄毅, 陈彬. 基于 STM32 的单轴双轮自平衡小车的设计. 邵阳学院, 2018.

[3] 张益铭. 双轮平衡车控制系统的设计. 哈尔滨理工大学, 2017.

[4] 刘斌. 两轮自平衡小车软硬件研发与基于模糊线性化模型的变结构控制研究. 西安电子科技大学工学硕士学位论文. 2009.

[5] 张吉昌. 单轴双轮自平衡代步车的研究与设计. 中国海洋大学硕士论文. 2009.

基于两轮平衡机器人通过通信网络系统进行控制的研究与开发

王锦程　卢　熙　于佳慧

(北京信息科技大学信息与通信工程学院,北京,100101)

摘　要:本项目针对两轮平衡车机器人传输距离问题,对可装在平衡车机器人的 Arduino 板上的 WiFi 模块进行了研究。项目所采用的 WiFi 模块替代了市面上平衡车机器人原有的蓝牙模块,更大程度上使小车的传输距离更远。文中将具体介绍设计方案及最终成果。

关键词:远程 WiFi 控制;两轮平衡机器人;ESP-12F 模块;Arduino;AT 指令。

Research and development of control throughcommunication network system based on two-wheel balance robot

Wang Jincheng　Luxi　Yu Jiahui

Abstract: This project studies the transmission distance of the two-wheeled balance robot, and studies the WiFi module that can be installed on the arduino board of the balance car robot. The WiFi module used in the project replaces the original Bluetooth module of the balance car robot on the market, and the transmission distance of the car is further extended to a greater extent. The design and final results will be specifically described in the article.

Key words: Remote wifi control; two-wheel balance robot; ESP-12F module; Arduino; AT command.

一、引言

近几年,随着我国的科技发展,网络通信技术的提高,通信已在人们的生活变得不可或缺。而保障人们生活的科技设备也变得多种多样,体积也逐渐压缩。为了保障设备正常运行和维护,需要对设备所在的环境以及设备的状态进行监测。然而人工有时不能做到亲身检测,在一些小的空间和恶劣的环境是不占优势的。面对这样的问题,平衡车机器人的存在就显得尤为重要。但传统平衡车机器人上的蓝牙模块传输距离近是现在面临的首要问题。

本项目所研究的就是在平衡车机器人运动灵活、结构简单、成本低廉的优点下,将小车的传输距离尽可能变远。WiFi 技术以其传输速度快、有效距离长等优势得到了快速发展。与蓝牙技术相比,WiFi 通信具有更宽的覆盖范围和更高的传输速率。所以本项目采用 WiFi 通信,能够实现在 WiFi 控制下小车遥控运行。接下来将对项目的具体设计和实施进行介绍。

二、设计思路和研究方案

此项目的课题核心是通过通信网络系统对平衡车进行控制。由于现有的蓝牙控制距离过近,在很多场合,诸如一些地下的隧道施工,发电站的管道电缆等。它们的通性是所处位置崎岖狭窄,不利于人为作业,因此需要这类的机器人小车来代替;且电缆和隧道幽长,不适合只有短距离通信的蓝牙,因而在这个基础上,我们决定采用具有比蓝牙控制范围更广的 WiFi,来进行遥控。

基于这一想法,我们想到了是否可以给原有的平衡车上改装一个 WiFi 的模块,而拆除原有的蓝牙模块。实现由 WiFi 替代蓝牙的可能。之后通过手机作为 Client,通过 WiFi 远程访问作为 server 的 Arduino。实现以 esp8266 作为桥梁的,手机对 Arduino 的控制。

因此我们通过查找资料和相关书籍,最终将目标锁定在了一款由安信可公司所生产的 esp8266 系列的 WiFi 模块上。在经过一些百度上的推荐以及浏览一些该系列模块的芯片指导手册以后,我们决定采用了 esp8266-12F 这一款芯片,主要原因更多是因为性价比更高,该型号芯片相比其他型号,其 flash 闪存更大、功耗低、IO 口更多更健全,从而可实现的功能也更丰富,网上的相关案例也最多,所以为了确保之后的实施可行性高,不出差错,从而选择了这一款芯片。而主控板我们选择了 Arduino UNO R3 板的两轮平衡车,因为我们组的成员之前所接触的唯一一款单片机就是 Arduino,而且它的语言是基于 C 语言,也是我们略有涉猎的语言。

在确定好硬件设备以后,我们开始了硬件上的拼搭。

第一步是实现 esp8266 与 Arduino 的连接,具体电路如图 1 所示。

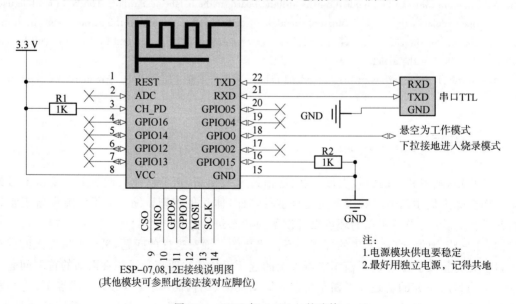

图 1　esp8266 与 Arduino 的连接

其中需要说明的是我们并没有采用串口转 TTL 这一个模块,因为要以 Arduino 为主机来接收 esp8266 的信号,esp8266 则为从机。所以我们直接将 Arduino 与 esp8266 进行串口通信,用导线进行了直接的焊接,之后再通过 Arduino 自带的串口转 USB 接口与计算机相连,因此 esp8266 的 TX 和 RX 应接的是 Arduino 的 RX 和 TX。为了电路在传输时的稳定,建议采取直接焊接的方式,而不要用面包板等过度设备。

在硬件拼搭完毕后进行软件的操作,即烧录固件。

第二步,烧录固件。

网上烧录固件的方法很多,所以不必拘泥于这其中一种。在这里我们没有采用大多数网上所运用的通过烧录 IDE 中示例的自带程序 SoftwareSerial 后再通过 AT 指令控制,而是选择了在烧录的程序中直接定义有关 WiFi 的参数。我们在代码中定义了 WiFi 的名称、密码,选用了 esp8266 在 AP 模式下由 DHCP 协议所默认分配的服务器 IP 地址:192.168.4.1,服务器端口号可自己定义。以及 esp8266 与 Arduino 之间的数据传输方法。

在这里依旧有必要说明,我们的想法是让 esp8266 调用 Arduino 中的<wifi.h>数据库来向 Arduino 发送数据,由于 esp8266 和 Arduino 之间是执行串口通信,在传输 WiFi 数据的时候是以数据包的形式传递,因而传递的是 ASCN 码,而 Arduino 的平衡车中所用的代码是 16 进制的,因此我们要在烧录的代码中完成一部转换,将发送的 ASCN 码转换成 16 进制数。这样才能真正意义上的实现 esp8266 到 Arduino 的数据传输。

关键部分代码如下:

```
//Serial.printin(Buffer);
if(Buffer = = "49")
{
  Serial.write(1);
}
else if(Buffer = = "50")
{
  Serial.write(2);
}
else if(Buffer = = "51")
{
  Serial.write(3);
}
else if(Buffer = = "52")
{
  Serial.write(4);
}
else if(Buffer = = "53")
{
  Serial.write(5);
}
Buffer = "";
//Serial.printin();
```

ind = 0;
serverClients[i].print("OK! Got your request.");
第一幅图为烧录固件中实现通信的代码。
第二幅图为平衡车源码中接收数据控制小车动作的代码。
case 0x01:Flag_Qian = 1,Flag_Hou = 0,Flag_Left = 0,Flag_Right = 0;break;
case 0x02:Flag_Qian = 0,Flag_Hou = 1,Flag_Left = 0,Flag_Right = 0;break;
case 0x03:Flag_Qian = 0,Flag_Hou = 0,Flag_Left = 0,Flag_Right = 1;break;
case 0x04:Flag_Qian = 0,Flag_Hou = 0,Flag_Left = 1,Flag_Right = 0;break;
case 0x05:Flag_Qian = 0,Flag_Hou = 0,Flag_Left = 0,Flag_Right = 0;break;

此外代码中的串口波特率应设置为 115200，如果是默认的 9600 可能数据会传输失败。

在做完上述工作后，esp8266 与 Arduino 的连接也就完备了，下一步是完成手机与 esp8266 的连接，这样一来就可以完成通信，实现手机到 Arduino 的远程遥控。

第三步：下载 App 并连接到所设置的 WiFi。

由于传输遵循 TCP 协议，所以可以下载一个 TCP server 或者其他的网络调试助手，先用手机搜索之前我们所设置的 WiFi 号，输入密码并成功连接。进入调试助手后输入 WiFi 的参数：服务器 IP 地址 192.168.4.1，自己定义的服务器端口号，选择协议类型为 client 是因为我们是单纯把手机作为客户端去发送指令。在设置完毕后，提示连接成功，即可输入数字 1，2，3，4，5 来对小车进行操作。实现我们最初的目的，通过 WiFi 对平衡车的遥控，使其前进，后退，左转，右转，停止。

三、总结

在开始项目之前要先规划好具体的方案，我们最开始设计的时候方案也出现了问题，导致研究的方向一直有问题，浪费时间不见成效。后来在查找资料和向有经验的人询问以后确立了现在的方案并且成功，推荐多去浏览百度的各种运用 esp8266 和 Arduino 的成功案例，无所谓 esp8266 的型号，可以根据具体的芯片手册寻找区别后改进，在 WiFi 遥控方面 esp8266-12E 和 12F，01 等都可以达到效果，只是引脚连接略有区别以及后续的拓展有差异。

项目本身后续还有很多的可拓展性，例如可以在远程遥控的基础上增设更多功能，运用上还未加以定义的端口，增设例如传感器、摄像头、机械臂等功能。并进行远程遥控，应用于更多的工业和科技领域。

参考文献

[1]陈吕洲. Arduino 程序设计基础[M].北京:北京航空航天大学出版社,2015.
[2]谭浩强. C 程序设计[M].3 版.北京:清华大学出版社,1999.
[3]王文龙,黄地龙. DHCP 协议深入分析[J].电脑与电信,2010(04):46-48.
[4]朱衍波,罗强编著. PC 远程通信大全[M].北京:电子工业出版社,1997.
[5]王罡,林立志编著. 基于 Windows 的 TCP/IP 编程[M]. 北京:清华大学出版社,2002.
[6]苗雪兰,宋歌编著. 数据库原理与应用技术学习指导[M].北京:电子工业出版社,2010.1.
[7]Arduino 官方网站:http://www.arduino.cc/.

[8] Arduino中文社区: http://www.arduino.cn/.

[9] 安信可科技官网: https://wiki.ai-thinker.com/.

[10] 乐鑫官网: https://www.espressif.com/zh-hans/products/hardware/esp8266ex/.

作者简介

王锦程, 男, 本科生, 就读于北京信息科技大学信息与通信工程学院通信1601班。

卢熙, 男, 本科生, 就读于北京信息科技大学信息与通信工程学院通信1601班。

于佳慧, 女, 本科生, 就读于北京信息科技大学信息与通信工程学院通信1601班。

基于两轮平衡机器人的人工智能和自主学习功能的研究与实现

宁世匆 李玄 龙东 张战峰

(北京信息科技大学信息与通信工程学院,北京,100101)

摘 要:近年来,自平衡小车的研发飞速发展,其具有体积小,运动灵活,便利节能等特点。本文基于这些特点,学习和研究自平衡小车的基本原理并掌握其运动方式,以供后面的人工智能做基础。自平衡小车以 Arduino 的 UNO 板作为主控板,采用了 TB6612 作为驱动,利用 MPU6050 陀螺仪来间接测得倾角,并通过 PID 算法进行调节,通过 PWM 调制后,再控制驱动做出反应,以达到反馈环节的闭环,实现小车的自平衡。在调试之后能达到各个模块之间协调工作,并在适度干扰的情况下依然能够保持平衡状态。再利用深度学习的网络,对周围环境约束条件的采集,进行自主判断并作用于驱动,使其达到自主学习的目的。

关键词:两轮自平衡机器人;人工智能。

Research and Implementation of Artificial Intelligence and Autonomous Learning Function Based on Two-Wheel Balancing Robot

Ning Shicong   Li Xuan   Long Dong   Zhang Zhanfeng

(School of Information and Communication Engineering, Beijing University of Information Science and Technology, Beijing, 100101, China)

Abstract: In recent years, the research and development of self-balancing car has developed rapidly. It has the characteristics of small size, flexible movement, convenience and energy saving. Based on these characteristics, this paper studies and studies the basic principle of self-balancing car and grasps its movement mode, so as to provide the basis for the artificial intelligence behind. The self-balancing car uses the UNO board of Arduino as its main control board, TB6612 as its drive, MPU6050 gyroscope as its indirect measurement of inclination angle, and PID algorithm as its adjustment. After PWM modulation, the drive is controlled to react, so as to achieve the closed loop of feedback link and realize the self-balancing of the car. After debugging, it can achieve coordination among modules and keep balance even with moderate interference. Then, the deep learning network is used to collect the constraints of the surrounding environment, make self-determination and drive it to achieve the goal of self-learning.

Key words: two-wheeled; self-balancing robot; Artificial intelligence.

一、引言

随着社会的快速发展和人类生活节奏的加快,人们逐渐对"人工智能"的需求变得越来越大,小到智能居家、出行,大到社会医疗、城市安全,人们无时无刻不在感受着"人工智能"的便捷,而两轮平衡小车又具有成本低,体积相对较小,可应用于狭小空间,转弯半径小,由于双轮驱动甚至可以进行原地转弯等优势,备受现在的企业和用户所喜爱,所以我们的研究主题为基于两轮平衡机器人的人工智能和自主学习功能的研究与实现。

本课题在前人研究的基础上,主要对研究人工智能中的深度学习技术在两轮平衡机器人中的应用,通过深度学习算法,使两轮机器人能进行不太复杂的自主学习、自主判断、自我决策、自主运动功能,从而可以应用扩大到日后的生活中。

二、两轮平衡机器人原理

1. 平衡控制原理分析

平衡小车的自平衡原理来源于人们的日常生活中。例如通过练习可以用自己的手指使木棒保持平衡屹立在指尖上,在此过程中需要学会的两个条件:一是通过眼睛观察木棒的倾斜角度和倾斜趋势,即角速度;二是放在指尖上可根据木棒的姿态来移动去抵消木棒倾斜的角度和趋势,使得木棒能直立不倒。这两个条件是缺一不可的,实际上加入这两个条件,控制过程中就是负反馈机制,如图1所示。

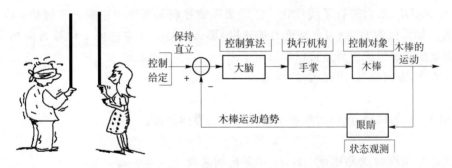

图1 维持木棒平衡的负反馈系统

平衡小车也是这样的过程,通过负反馈实现平衡。与上面保持木棒直立比较则相对简单,因为小车有两个轮子着地,车体只会在轮子滚动的方向上发生倾斜。控制轮子转动,抵消在一个维度上倾斜的趋势便可以保持车体平衡,如图2所示。

2. 两轮自平衡小车受力分析及角度分析

根据上述的原理,通过测量小车的倾角和倾角速度控制小车车轮的加速度来消除小车的倾角。因此,小车倾角以及倾角速度的测量成为控制小车直立的关键。我们的平衡小车使用了测量倾角和倾角速度的集成传感器陀螺仪-MPU6050,如图3所示。

控制平衡小车,使得它作加速运动。这样站在小车上分析倒立摆受力,它就会受到额外的惯性力,该力与车轮的加速度方向相反,大小成正比。这样倒立(图3)所受到的回复力为

图 2 维持两轮小车平衡的负反馈系统

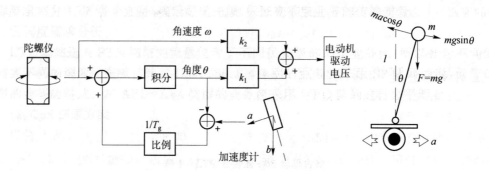

图 3 非惯性系中倒立摆受力分析示意图

$$F = mg\sin\theta - ma\cos\theta \approx mg\theta - mk_1\theta \tag{1}$$

式中,由于 θ 很小,所以进行了线性化。假设负反馈控制是车轮加速度 a 与偏角 θ 成正比,比例为 k_1。如果比例 $k_1 > g$,(g 是重力加速度)那么回复力的方向便于位移方向相反。而为了让倒立摆能够尽快回到垂直位置稳定下来,还需要增加阻尼力。增加的阻尼力与偏角的速度成正比,方向相反,因此式(1)可改为

$$F = mg\theta - mk_1\theta - mk_2\theta' \tag{2}$$

按照上述倒立摆的模型,可得出控制小车车轮加速度的算法:

$$a = k_1\theta + k_2\theta' \tag{3}$$

式中,θ 为小车角度,θ' 为角速度。k_1、k_2 都是比例系数。

3. PID 控制器设计

PID 的原理:PID 控制器(比例－积分－微分控制器)是一个在工业控制应用中常见的反馈回路部件,由比例单元 P、积分单元 I 和微分单元 D 组成。PID 控制的基础是比例控制;积分控制可消除稳态误差,但可能增加超调;微分控制可加快大惯性系统响应速度以及减弱超调趋势。反馈理论的要素包括三个部分:测量、比较和执行。测量关键的是被控变量的实际值,与期望值相比较,用这个偏差来纠正系统的响应,执行调节控制。在工程实际中,应用最为广泛的调节器控制规律为比例、积分、微分控制,简称 PID 控制,又称 PID 调节。

PID 控制器由比例单元(P)、积分单元(I)和微分单元(D)组成。其输入 $e(t)$ 与输出 $u(t)$ 的关系为

$$u(t) = K_P\left[e(t) + \frac{1}{T_I}\int_0^t e(t)\mathrm{d}t + T_D\frac{\mathrm{d}e(t)}{\mathrm{d}t}\right]$$

式中，K_p 为比例系数；T_1 为积分时间常数；T_D 为微分时间常数。

在小车控制中的直立、速度和方向控制三个环节中，都使用了比例微分（PD）控制。

（1）测速

可以通过安装在电动机输出轴上的光码盘来测量得到小车的车轮速度，利用控制单片机的计数器测量在固定时间间隔内速度脉冲信号的个数可以反映电动机的转速。

（2）转向控制

通过左右电动机速度差驱动小车转向消除小车距离道路中心的偏差。通过调整小车的方向，再加上车前行运动，可以逐步消除小车距离中心线的距离差别。这个过程是一个积分过程，因此小车差动控制一般只需要进行简单的比例控制就可以完成小车方向控制。但是由于小车本身安装有电池等比较重的物体，具有很大的转动惯量，在调整过程中会出现小车转向过冲现象，如果不加以抑制，会使得小车过度转向而倒下。根据前面角度和速度控制的经验，为了消除小车方向控制中的过冲，需要增加微分控制。[1]

三、人工智能和自主学习功能

人工智能（Artificial Intelligence），英文缩写为 AI。它是研究、开发用于模拟、延伸和扩展人的智能的理论、方法、技术及应用系统的一门新的技术科学，是认知、决策、反馈的过程。近年来，人工智能发展迅猛，应用广泛，其细分领域诸多，如：深度学习、计算机视觉、智能机器人、虚拟个人助理、自然语言处理—语音识别、自然语言处理—通用、实时语音翻译、情境感知计算、手势控制、视觉内容自动识别、推荐引擎等。

1. 随机（random）

随机是智能的基础，人工智能的很多技术都需要用到随机，因此有必要把这个放到前面提一下，考虑基于 C/C++一般我们都是使用的 rand()等函数实现随机，当然也有 boost 提供了各种分布范围的随机，如此使用随机函数生成一个随机数，用以调用小车不同的状态，来达到小车初步的脱离人的控制做出动作。

2. 自主学习

在对随机函数进行实验和分析后发现，其达到的效果并不能满足我们想要平衡车自主判断的需求。我们采取了让它进行大量的实验，并保存每一次的数据，计算成功的概率大小，并保存，下次再进行实验时会采取概率由上到下的方式做出自主行动，以达到初步的自我学习能力。

3. 深度学习

深度学习作为人工智能领域的一个应用分支，不管是从市面上公司的数量还是投资人投资喜好的角度来说，都是一个重要的应用领域。

深度学习的技术原理：

(1)构建一个网络并且随机初始化所有连接的权重；

(2)将大量的数据情况输出到这个网络中；

(3)网络处理这些动作并且进行学习；

(4)如果这个动作符合指定的动作，将会增强权重，如果不符合，将会降低权重；

(5)系统通过如上过程调整权重；

(6)在成千上万次的学习之后,超过人类的表现。

小车需要经过大量的实验来进行学习,其过程中环境参量是不可缺少的考虑因素,根据环境的不同产生的判断也会不同。

卷积神经网络

近几年,卷积神经网络在大规模图像特征表示和分类中取得了很大的成功。标志性事件是在 2012 年的 Imagenet 大规模视觉识别挑战竞赛中,Krizhevsky 实现的深度卷积神经网络模型将图像分类的错误率降低了近 50%。2016 年 4 月份著名的围棋人机大战中以 4∶1 大比分优势战胜李世石的 Alphago 人工智能围棋程序就采用了 CNN+蒙特卡洛搜索树算法。卷积神经网络最早是由 Lecun 等人在 1998 年提出,用于手写字符图像的识别,其网络结构如图 4 所示。

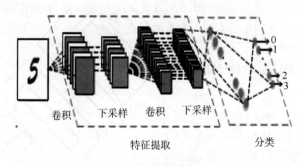

图 4　卷积神经网络

该网络的输入为原始二维图像,经过若干卷积层和全连接层后,输出图像在各类别下的预测概率。每个卷积层包含三种运算:卷积、非线性激活函数和最大值池化。在卷积神经网络中,需要学习一组二维滤波模板,和输入特征图 x 进行卷积操作,得到从个二维特征图,采用卷积运算的好处有如下几点:

①二维卷积模板可以更好地挖掘相邻像素之间的局部关系和图像的二维结构;

②和一般神经网络中的全连接结构相比,卷积网络通过权重共享极大地减少了网络的参数量,使得训练大规模网络变得可行;

③卷积操作对图像上的平移、旋转和尺度等变换具有一定的鲁棒性。

得到卷积响应特征图后,通常需要经过一个非线性激活函数来得到激活响应图,如 sigmoid,tanh 和 ReLU 等函数。紧接着,在激活函数响应图上施加一个最大值池化(max pooling)或者平均值池化(average pooling)运算。在这一操作中,首先用均匀的网格将特征图划分为若干空间区域,这些区域可以有重叠部分,然后取每个图像区域的平均值或最大值作为输出。此外在最大值池化中,通常还需要记录所输出最大值的位置。

已有研究工作证明了最大值池化操作在图像特征提取中的性能优于平均值池化,因而近些年研究者基本都采用了最大值池化。池化操作主要有如下两个优点:

①增强了网络对伸缩、平移、旋转等图像变换的鲁棒性;

②使得高层网络可以在更大尺度下学习图像的更高层结构,同时降低了网络参数使得大规模的网络训练变得可行。

由于卷积神经网络的参数量较大,很容易发生过拟合,影响最终的测试性能。研究者为克服这一问题提出了很多改进的方法。Hinton等人提出了称为"dropout"的优化技术,通过在每次训练迭代中随机忽略一半的特征点来防止过拟合,取得了一定的效果。Wan等人进一步扩展了这一想法,在全连层的训练中,每一次迭代时从网络的连接权重中随机挑选的一个子集置为0,使得每次网络更新针对不一样的网络结构,进一步提升了模型的泛化性。此外还有一些简单有效的工程技巧,如动量法、权重衰变和数据增强等。[2]通过摄像头采集回来的周围环境数据对其用CNN来进行分析和自主学习。

四、总结和展望

本课题研究的是基于两轮平衡机器人的人工智能和自主学习功能。由于现如今的人工智能所需的计算量比较大,在Arduino的UNO板上实现还有些许不足,故比较复杂的部分还只限于理论研究。之后还需要进一步的探讨Arduino上实现人工智能的可行性,或选择功能更强大一点的主控板作为硬件基础。而且本课题是基于视觉识别后实现的人工智能需要视觉识别的结果做输入,这是下一步与视觉识别的结果结合之后需要进一步研究和验证的。此次研究中使用的算法还比较简单,需要进一步的完善和更加深入的研究。

参考文献

[1]徐金华.两轮自平衡小车的设计.[J/OL].https://wenku.baidu.com/view/c07d676fa200a6c30c22590102020740be1ecdd8.html,2019.

/[2]林晟.基于卷积神经网络的教学资源整合方法的研究与实现[D].上海师范大学,2018.

作者简介

宁世匆,女,本科生,就读于北京信息科技大学信息与通信工程学院通信1601班。
李玄,女,本科生,就读于北京信息科技大学信息与通信工程学院通信1601班。
龙东,女,本科生,就读于北京信息科技大学信息与通信工程学院通信1601班。
张战峰,男,高级工程师,就任于北京中兴协力科技有限公司。

基于两轮平衡机器人的视觉识别系统的设计与实现

赵旭绽　常明月　刘雪娜

(北京信息科技大学信息与通信工程学院,北京,100101)

摘　要:本课题针对两轮平衡车机器人的视觉识别提出了两种方案。方案一是采用TCS3200传感器识别三原色,各种颜色由不同比例三原色(红、绿、蓝)混合而成,当选定一种颜色的滤波器时,就只允许这种原色通过,其他原色被阻止,根据构成颜色的三原色值,就能够分析出反射在TCS3200传感器上的颜色,进而得出所测物体的颜色。此方案的缺点是只能识别距离传感器前方1 cm的物体颜色,与期望的实际应用距离有很大差距,所以提出了另一种方案。方案二是采用Openmv机器视觉模块识别三原色,通过全幅扫描,找到我们需要识别的色块,得到相应色块的信息,比如色块的长度、宽度以及色块的位置。我们只扫描相应色块周围的区域(ROI),如果在新的ROI找不到需要的色块,就重新进行扫描。因为我们需要的实现方法在microPython库中全部都有,只需要得到find_blobs的返回值就可以。对比两种方案,不难得出:(1)Openmv有更远的识别距离;(2)Openmv不仅可以识别颜色而且可以返回相应物体的坐标,可以说是更为精确。

关键词:视觉识别;两轮平衡机器人;TCS3200传感器;Openmv视觉识别模块。

Design and Implementation of Visual Recognition System Based on Two-wheel Balanced Robot

Zhao Xuizhan　Chang Mingyue　Liu Xuena

Abstract:This topic proposes two solutions for the visual recognition of two-wheeled balance car robots. The first scheme is to use the TCS3200 sensor to identify the three primary colors. The various colors are mixed by different primary colors (red, green, and blue). When a filter of one color is selected, only the primary colors are allowed to pass, and other primary colors are blocked. According to the three primary color values constituting the color, the color reflected on the TCS3200 sensor can be analyzed, and the color of the measured object can be obtained. The disadvantage of this solution is that it can only identify the color of the object 1 cm away from the front of the sensor, which is far from the expected actual application distance, so another solution is proposed. The second scheme is to use the Openmv machine vision module to identify the three primary colors. Through the full-scan, find the color blocks we need to identify, and get the information of the corresponding color blocks, such as the length and width of the color block and the position of the color block. We only scan the area around the corresponding patch (ROI), and if the new ROI cannot find the desired patch, it will rescan. Because the implementation methods we need are all in the microPython library, we only need to get the return value of find_blobs. Czuijuibendeomparing the two schemes, it is not difficult to draw: (1) Openmv has a farther recognition distance (2) Openmv can not only recognize the color but also return the coordinates of the corresponding object, which can be said to be more accurate.

Key words:visual recognition;Two rounds of balanced robots;TCS3200 sensor;Openmv Visual Recognition Module.

一、引言

随着人工智能的不断发展,人们生活中的方方面面也在不断改进,不断智能化。2016年的春天,一场 AlphaGo 与世界顶级围棋高手李世石的人机世纪对战,把全球推上了人工智能浪潮的新高。2018 年的秋天,一场推出全球首个"人工智能主持人"的第五届世界互联网大会,让我们每个人开始确定人类生活模式或被最终改变。屈指一算,人工智能已经发展了 62 年。其中计算机视觉领域异军突起,借助深度神经网络、大量标注数据、强计算能力的加持,计算机视觉领域,已经进入了有史以来最好的时代。提高生产的灵活性和自动化程度是机器视觉系统最基本的特点。在一些不适于人工作业的危险工作环境或者人工视觉难以满足要求的场合,常用机器视觉来替代人工视觉。同时,在大批量重复性工业生产过程中,用机器视觉检测方法可以大大提高生产的效率和自动化程度。而对颜色的识别可以说是最基本的视觉识别技术,本项目研究的重点是找出识别颜色的最优方法,分别研究了 TCS3200 传感器和 OpenMV 机器视觉模块识别颜色的方案,总结各自的优缺点。

本课题在前人研究的基础上,通过对比两种颜色识别方案,提出了一种最优方案,该方案综合考虑识别精度,识别距离,延迟时间等因素,为视觉识别技术贡献了微薄之力。由于 OpenMV 模块在视觉开发方面十分突出,故本论文将用大篇幅来分析研究 OpenMV 视觉识别模块方案的实现原理,TCS3200 传感器方案只做简要分析。

二、器件介绍

1. TCS3200

TCS3200 颜色传感器是一款全彩颜色检测器,包括了一块 TAOS TCS3200RGB 感应芯片和 4 个白光 LED 灯,TCS3200 能在一定的范围内检测和测量几乎所有的可见光。但是在实际实施方案时,发现其可测量范围仅为 1 cm,而实际应用中当敌方距离我们 1 cm 时再判断其是敌是友已经为时过晚,故不符合实际应用。

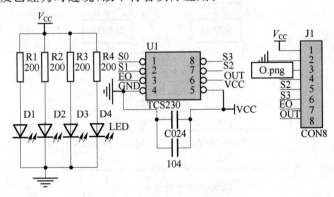

图 1　TCS3200 模块电路图

2. OpenMV

OpenMV 的定位是"带有机器视觉功能的"Arduino"。它能够通过 I2C、UART、SPI、AsyncSerial 以及 GPIO 等控制其他的硬件,甚至是单片机模块,如 Arduino、RaspberryPi(树莓派)等。同时也可以被其他的单片机模块控制。这个特点使得它可以与其他流行的模块灵活配合,实现复杂的产品功能。本项目使用的方案是通过 Openmv 控制 Arduino,转发逻辑是 OpenMV 的数据发送给 Arduino Uno 的软串口,Arduino 的串口连接到计算机并显示结果。

3. Arduino

Arduino 是一款方便上手、便捷灵活的开源电子原型平台。包含硬件(不同型号的 Arduino 板)和软件(Arduino IDE)。硬件部分是 Arduino 电路板,能够用来做电路连接;另外一个则是 Arduino IDE,作为计算机中的程序开发环境。只要在 Arduino IDE 中编写程序代码,然后将程序上传到 Arduino 电路板,程序便会将需要实现的功能告诉 Arduino 电路板。Arduino 能够感知环境是通过各种各样的传感器来实现,通过控制电动机、光线和其他的装置来反馈、影响环境。板子上的微控制器可以编写程序,通过 Arduino 的编程语言编译成二进制文件,烧录到微控制器。对 Arduino 的编程是通过 Arduino 开发环境和 Arduino 编程语言来实现的。基于 Arduino 的实践项目,可以只包含 Arduino,也可以包含 Arduino 和其他一些在 PC 上运行的软件,它们之间进行相互通信(比如 Flash,MaxMSP,Processing)来实现。

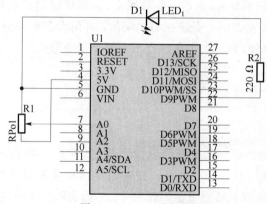

图 2　Arduino 引脚图

三、方案设计

方案一　基于传感器 TCS3200 的颜色识别系统设计

(1)TCS3200 识别颜色的原理

白色的光源经过三棱镜后可以分解成包含红橙黄绿蓝靛紫的光谱。人的眼睛对红绿蓝三种颜色最为敏感,根据德国物理学家赫姆霍兹(Helinholtz)的理论:各种颜色都是由红、绿、蓝三种颜色通过不通过比例的混合叠加而成。这就是所谓的三原色原理。

如图 3 所示的原理图可以看到,被测的目标物反射出去的光线进入 TCS3200 传感器,

然后通过让 S_2、S_3 两个端口(S_2、S_3 相当于一个颜色滤波器,通过电平的高低控制某个颜色的感应)控制的光电二极管阵列(PAD)去感知颜色,再把获得的能量转换成电流的形式,最后通过集成电路把电流转换成占空比为 50% 且具有一定频率的方波。不同颜色不同光强对应不同频率的方波。

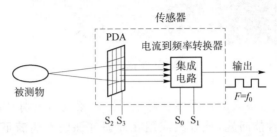

图 3　TCS3200 传感器原理图

在识别颜色之前首先要进行白平衡。白平衡简单来说就是在进行颜色感知之前要告诉这个感应模块什么是白色,也就是白色的标准。从三原色理论可知,白色的 RGB 值为(255,25255,255),但是不同光线的环境下,白色中的三原色成分并不是相等的,对于 TCS300 传感器输出的 RGB 值也不相等,因此在测试前必须进行白平衡调整,经程序测试后会得出一个比例因子,使得 TCS230 对所检测的"白色"中的三原色的 RGB 值相等。进行白平衡调整是为后续的颜色识别作准备。那么之后测出来的颜色就会比较准确。

(2)设计方案及可行性

将 TCS3200 传感器连接到 Arduino 开发板上,运行 Arduino 代码,在 PC 端通过串口返回的 RGB 值复原颜色传感器采集到的颜色。

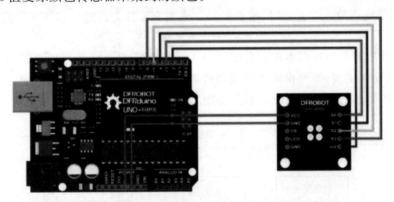

图 4　Tcs3200 传感器与 Arduino 开发板的接线方法

图 5 所示为 ArduinoIDE 的串口监视器中可以读取 RGB 值,在调色板中分别输入 R、G、B 值得到对应的颜色与测试的颜色基本吻合,稍有偏差,但并不影响区分被测物是哪种颜色的物体。颜色识别时的准确程度受到外界光线的干扰,所以尽量在光线适宜的环境中进行测试。在读取 RGB 值的基础上,可以在 Arduino 代码添加判断语句模块来确定被测物是否为目标色。

但是如何让它远距离识别颜色呢?查阅 TCS3200 手册得知该模块的有效探测距离为

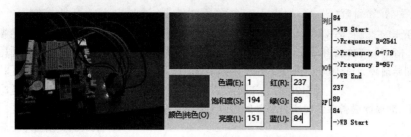

图 5　测试效果图

1 cm，很明显在应用上有很大的局限性。对于远距离颜色的识别，用 Tcs3200 是无法实现的。由于 Tcs3200 的性能问题，该方案应用在此研究课题不能满足该项目所要达到的目的。但 Tcs3200 在工业液体颜色的检测、农产品成熟度检测、药品颜色归类等领域有广泛的应用，这些应用说明所以在视觉识别的领域中，该模块占有一席之地，也很有研究的必要。

方案二　基于 OpenMV 的视觉识别系统

(1) Openmv 的优点

Openmv 是一款小巧低成本低功耗的并且开源的机器视觉模块，应用于多种视觉识别项目，包括 Color Tracking 颜色追踪、Face Detection 人脸检测、Code Detection/Decoding 二维码检测/解码等，应用非常广泛。其实 Openmv 也是个单片机，以 STM32F427CPU 为核心，集成 OV7725 摄像头芯片，具有完备的核心算法，并且提供 Python 编程接口便于用户开发。它可以实现与其他单片机的串口通信进行双向控制，例如 STM32、Arduino 等。这一特点使它与其他单片机互相配合实现更强大的功能。

比较 TCS3200 传感器，Openmv 可以很方便地进行颜色识别，而且识别距离是 TCS3200 无法比拟的。综上可得，用 Openmv 模块实现视觉识别是非常可行的。

(2) 方案设计

两轮平衡机器人的核心主控板采用 Arduino 开发板，Openmv 为视觉识别模块，与电池模块、步进电动机模块、驱动模块等构成硬件系统，结合 PID 算法、目标识别、图像处理等算法实现两轮机器人的平衡及视觉识别等功能，如图 6 所示。

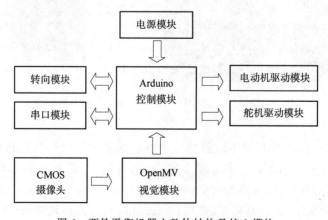

图 6　两轮平衡机器人整体结构及核心模块

在这里主要研究 Openmv 视觉模块,利用 Openmv 识别物体的颜色,并计算出该物体的坐标位置,将该数据通过串口传送给 Arduino 控制模块。进而让控制模块控制电动机速度和舵机转向。

(3)Arduino 与 Openmv 进行串口通信的设计理念

OpenMV	Arduino
P4(TX)	10(RX)
P5(RX)	11(TX)
GND	GND

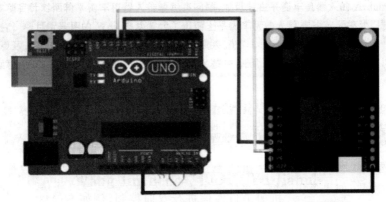

图 7 Arduino 与 Openmv 引脚连接图(图片来自星瞳科技官网)

由于 Arduino Uno 只有一个串口,用这个串口来接收数据,这样就没有办法再通过串口发送给计算机显示数据传输结果了。故此,在这里采用了软件模拟串口的形式来进行数据的转发,进而在 PC 端进行显示。转发的逻辑是:Openmv 的数据发送给 Arduino Uno 的软串口,而 Arduino 的串口接到计算机上并显示结果。在 ArduinoMega 的逻辑就是,读取软串口(softSerial)的数据(json),然后解析成数组,再发送给计算机。

(4)基于 Python 语言的软件程序设计

Openmv 模块内部装有一个 Micro Python 解释器,通过简单易懂的 Python 脚本语言编程就能实现多种功能,例如对串口通信的控制、读取文件系统等基础功能,也可以实现人脸检测和形状检测、二维码识别、颜色跟踪等功能。

启动摄像头,设置好将要识别的颜色(目标颜色)的阈值并通过相关算法,包括寻找最大色块,计算出对应物体的坐标值等算法,将参数通过串口发送至 Arduino 控制板。

四、主要算法

1. 寻找最大色块

首先用摄像头对准目标颜色,在工具中打开阈值编辑器,将矩形圈出的目标色进行 LAB 的最值的调整,使得目标色变成白色区域,将得到的 LAB 阈值复制黏贴在代码中即可。

方法如下所示：

这里目标颜色为红色，其阈值为 red_threshold =（34,69,11,96,-8,74）。

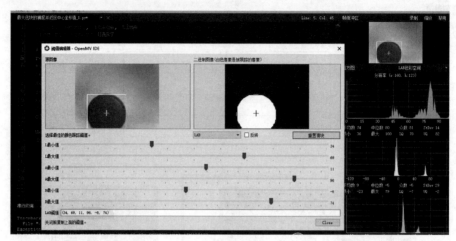

图 8　寻找目标色块

为避免环境中其他背景颜色的干扰，那么就需要一个算法让摄像头模块捕捉到色块最大的目标颜色。Openmv 通过 find_blobs 函数寻找色块，find_blobs 函数有很多参数，上面提到的阈值选取就用到了 Thresholds 参数。那么寻找最大色块用到的参数是 area_threshold 面积阈值参数，如果色块被框起来的面积小于这个值，就会被过滤掉。寻找最大色块的代码如下：

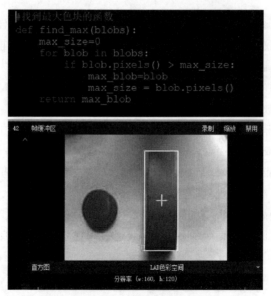

图 9　阈值为红色的最大色块被框出

2. 软件调试及串口通信

跟踪目标色块，需要导入 UART 库来实现将最大色块的坐标值通过串口发送给 Arduino，首先一定要导入 UART 这个库，即：from pyb import UART，然后实例化一个串口的对象 uart=UART(3,115200),设置串口 COM3 以及波特率为 115200,(在这里要注意设置的波特率要与 Aduino 串口接收的波特率一样,否则就收的就是乱码),最后调用 uart.write( )就可以将色块的中心坐标发送出去,示例代码为

```
while(True):
    img = sensor.snapshot()
        blobs = img.find_blobs([red_threshold])
    if blobs:
        max_blob = find_max(blobs)
        img.draw_rectangle(max_blob.rect())
        img.draw_cross(max_blob.cx(), max_blob.cy())
        output_str = "[%d,%d]" % (max_blob.cx(),max_blob.cy())
        print('you send:',output_str)
        uart.write(output_str + '\r\n')
    else:
        print('not found! ')
```

打开 Openmv 的串行终端,可以看到,捕捉到色块的中心坐标 (x,y) 通过串口发送出去,如图 10 所示。

图 10　色块的中心坐标

在 Arduino IDE 的串口监视器上可以看到串口接收的数据,如图 11 所示。

五、总结与展望

本课题主要是针对两轮平衡机器人的视觉识别功能设计,将机器人与视觉识别结合起来。本课题的两轮机器人通过 Arduino 进行控制其运动。通过 Openmv 这个功能强大的机器视觉模块对其摄像头采集的图片颜色进行分析处理,并通过串口通信将 Openmv 和 Arduino 这两个模块进行通信,这样就实现了机器人的视觉识别功能。本课题主要颜色识别这一主要思路进行设计,通过对周围环境不同颜色的感知来做出不同的反应。由于时间限制本课题实现了颜色的识别与两个模块之间信息的传送,但是对于机器人通过颜色信息做出具体的动作还未完成。

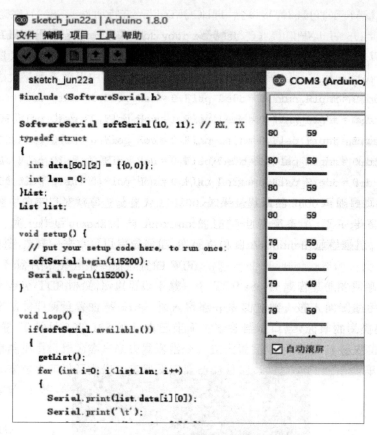

图 11 串口接收的数据

参考文献

[1] 陈吕洲．Arduino 程序设计基础［M］．北京：北京航空航天大学出版社，2015．

[2] 谭浩强．C 程序设计［M］．3 版．北京：清华大学出版社，1999．

[3] 邹浩，郭雨婷、等．基于 OPENMV 的色彩引导机器人系统研究［J］．科技资讯，2018（25）．

[4] 胡建民．颜色传感器 TCS230 及颜色识别电路［J］．应用天地，2006（4）．

[5] 庄琼云．基于 OpenMV 的智能寻迹小车设计与实现［J］．庄琼云黎明职业大学学报，2018（4）．

[6] Arduino 官方网站：http：//www．arduino．cc/．

[7] Arduino 中文社区：http：//www．arduino．cn/．

[8] OpenMV 星瞳科技：http：//www．openmv．cc/．

[9] Simon．Monk．Arduino 编程从零开始［M/CD］．www．minxue．net，2013．

作者简介

赵旭绽，女，本科生，就读于北京信息科技大学信息与通信工程学院通信 1601 班。
常明月，女，本科生，就读于北京信息科技大学信息与通信工程学院通信 1601 班。
刘雪娜，女，本科生，就读于北京信息科技大学信息与通信工程学院通信 1601 班。
张战峰，男，北京中兴协力科技有限公司高级工程师。